苏·区·振·兴·八·周·年

U0694884

江西省老区产业振兴发展研究

——基于赣州、抚州、吉安调研

Research on the Industrial Revitalization and Development of
Old Areas in Jiangxi Province
—Based on the Survey of Ganzhou City, Fuzhou City, and Ji'an City

刘善庆◎主编 张明林 林娟娟 赵美琪 余康宁◎著

经济管理出版社
ECONOMY & MANAGEMENT PUBLISHING HOUSE

图书在版编目（CIP）数据

江西省老区产业振兴发展研究：基于赣州、抚州、吉安调研 / 刘善庆主编；张明林等著 . —
北京：经济管理出版社，2020.11
ISBN 978-7-5096-7631-8

Ⅰ . ①江…　Ⅱ . ①刘…②张…　Ⅲ . ①产业发展—研究—江西　Ⅳ . ① F127. 56

中国版本图书馆 CIP 数据核字（2020）第 237196 号

组稿编辑：丁慧敏
责任编辑：丁慧敏　张莉琼　李光萌
责任印制：赵亚荣
责任校对：陈颖

出版发行：经济管理出版社
　　　　　（北京市海淀区北蜂窝 8 号中雅大厦 A 座 11 层　100038）
网　　址：www.E-mp.com.cn
电　　话：（010）51915602
印　　刷：北京玺诚印务有限公司
经　　销：新华书店
开　　本：720mm×1000mm/16
印　　张：16.5
字　　数：288 千字
版　　次：2020 年 11 月第 1 版　2020 年 11 月第 1 次印刷
书　　号：ISBN 978-7-5096-7631-8
定　　价：78.00 元

序 言·PREFACE

　　党的十九大报告明确指出，我国经济已由高速增长阶段转向高质量发展阶段。这是一个攸关长远和全局的重大判断，指明了新时代经济发展的方向。刘奇同志在接受《经济日报》记者采访时表示，作为一个中部欠发达省份，近年来江西经济增速持续保持全国"第一方阵"，新动能、新产业、新业态、新模式加速成长，根本上是靠创新的强力支撑，江西能否高质量发展关键还是取决于创新发展引擎能否成为第一动力。推进质量变革、效率变革、动力变革，不断转换发展动能，加快产业升级，提高全要素生产率，全面提升全省经济发展的质量和效益。围绕产业链布局创新链，推动江西省产业向价值链中高端跃升，创新只有落实到产业发展上，把实体经济作为"主战场"，才能产生最大效益。推动航空、新型光电、生物医药、新能源、稀土、有色金属等有技术优势、资源优势的传统产业焕发新活力、形成新优势，重塑"江西制造"辉煌。

　　2020 年 7 月 24 日，江西省招商引资重大项目集中签约大会召开，易炼红同志强调，要深入学习贯彻习近平同志在企业家座谈会上的重要讲话精神，全力以赴抓项目、真心实意助企业，并强调项目建设是地方经济社会发展的不二"王炸"，没有项目建设，产业转型升级实现不了，城乡功能品质提升不了。投资不足是江西的一块突出短板，在 1990 年、2000 年、2010 年、2015 年这几个时间节点上，江西的固定资产投资额分别仅占全国的 1.56%、1.67%、2.58%、3.1%，因此，抓项目也是为了补短板。充分聚焦"2+6+N"产业高质量跨越式发展，聚力引进一批有利于本省传统产业优化升级、战略性新兴产业倍增和新经济新动能培育的优质项目，针对江西省产业链供应链中存在的突出问题，大力实施铸链、补链、稳链、扩链、强链等工程，有针对性地打通堵点、补齐短板，增强产业链供应链稳定性和竞争力。着眼于提高产业配套能力和整体竞争力，着力引进一批配套型项目，促进上下游、大中小、产供销整体配套。充分提升三次产业之间的整体性和贯通性。

　　2020 年 5 月 22 日，江西省正式出台《江西省人民政府关于做好"六稳"

工作落实"六保"任务的实施意见》，在保市场主体工作中强调，要进一步减轻企业负担，强化融资支持，实施精准帮扶，优化营商环境；在保粮食能源安全工作中强调，提升粮食安全保障能力，加快发展现代农业，加强能源运行保障；在保产业链供应链稳定工作中提出，推动产业链协同复产达产，畅通产业链供应链国内市场循环，进一步融入全球产业链供应链价值链，实施铸链、强链、补链、扩链工程。为江西省产业之间协同并进，提质提量，产业链贯通发展提供政策保障。

赣州市、抚州市和吉安市作为江西省老区的主要聚集地，自 2012 年 6 月 28 日《国务院关于支持赣南等原中央苏区振兴发展的若干意见》出台以来，江西老区在经济产业建设各个方面稳步前进。以第二产业为例，赣州市坚定实施首位产业战略，突出打造"两城两谷两带"，各地电子信息产业加速形成壮大，产业结构实现了由"一矿独大"向"多业支撑"的调整优化，产业结构明显优化；抚州市以生态文明建设统领发展的理念，朝着经济发展和生态文明水平提高，相辅相成、相得益彰的新路阔步前行，大力发展生态经济，着力构建绿色产业体系，重点发展"四大产业"——汽车及零部件产业、电子信息产业、文化旅游产业和数字经济产业；电子信息产业是吉安市的首位产业。2018年，抚州市制造业紧扣工业高质量发展，大力发展以先进制造业为核心的实体经济，打造全省先进制造业示范区。

2019 年 1 月和 7 月，江西师范大学苏区振兴研究院赴江西省老区各县（市、区）展开深入调研，在广泛调研的基础上由江西师范大学张明林教授、林娟娟、赵美琪、余康宁等完成材料组织和撰写。全书分为三篇十五章，第一篇是江西老区农业振兴篇；第二篇是江西老区工业振兴篇；第三篇是江西老区服务业振兴篇。第一篇共分为五章：第一章是农业概念及分类，第二章是赣州市农业振兴发展，第三章是抚州市农业产业振兴发展，第四章是吉安市农业产业振兴发展，第五章是赣州、吉安、抚州农业振兴发展比较。第二篇共分为五章：第六章是工业概述，第七章是赣州市工业振兴发展，第八章是抚州市工业振兴发展，第九章是吉安市工业振兴发展，第十章是赣州、抚州、吉安工业振兴比较。第三篇也分为五章：第十一章是服务业概述，第十二章是赣州市服务业振兴发展，第十三章是抚州市服务业振兴发展，第十四章是吉安市服务业振兴发展，第十五章是赣州、抚州、吉安服务业比较。全书大纲由张明林教授拟定，具体作者分工如下：赵美琪撰写第一章至第五章，共计 6 万字；林娟娟撰写第六章至第十章，共计 7 万字；余康宁撰写第十一章至十五章，共计 10 万字。

全书由张明林教授统稿。

总的来说，本书紧紧围绕赣州、抚州和吉安三地的经济产业发展，既对三地区产业发展整体分析，又对三地区经济产业发展进行差异比较。全书分析了江西老区三次产业振兴发展的具体进展，总结了老区经济产业建设的经验，提出了老区经济产业转型升级的思考，这为我国其他地区三次产业发展提供了重要借鉴。

目 录·CONTENTS

江西老区农业振兴篇

江西老区
农业振兴篇

第一章

农业概念及分类

第一节　农业产业概述

　　农业是指国民经济中一个重要的产业部门，是以土地资源为生产对象的部门，它是通过培育动植物产品从而生产食品及工业原料的产业。农业属于第一产业。利用土地资源进行种植生产的部门是种植业；利用土地上水域空间进行水产养殖的是水产业，又叫渔业；利用土地资源培育采伐林木的部门，是林业；利用土地资源培育或者直接利用草地发展畜牧的是畜牧业；对这些产品进行小规模加工或者制作的是副业，它们都是农业的有机组成部分；对这些景观或者所在地域资源进行开发并展示的是观光农业，又称休闲农业，这是新时期随着人们的业余时间富余而产生的新型农业形式。

　　广义农业是指包括种植业、林业、畜牧业、渔业、副业五种产业形式；狭义农业是指种植业。包括生产粮食作物、经济作物、饲料作物和绿肥等农作物的生产活动。

　　农业分布范围十分辽阔。地球表面除两极和沙漠外，几乎都可用于农业生产。在近1.31亿平方公里的实际陆地面积中，约11%是可耕地和多年生作物地，24%是草原和牧场，31%是森林和林地，海洋和内陆水域则是水产业生产的场所。农业自然资源的分布很不平衡，可耕地主要集中在亚洲、欧洲和北美。北美、欧洲和大洋洲的经济发达国家为0.56公顷，亚洲、非洲和拉丁美洲的发展中国家仅为0.22公顷，其中亚洲仅0.16公顷（1984年）。森林以欧洲和拉丁美洲的分布面积较大；草原面积则非洲居首位，亚洲其次；其中不同国家、地区之间也有很大差异。当代世界农业发展的基本趋势和特征是高度的商业化、资本化、规模化、专业化、区域化、工厂化、知识化、社会化、国际化交织在一起，极大地提高了土地产出率、农业劳动生产率、农产品商品率和国际市场竞争力。

21世纪是农业发展的重要阶段，生命科学和其他最新科学技术相结合，将使世界农业发生根本性的变化。随着分子生物学的发展、生物基因库的建成、遗传工程的崛起、克隆技术和生物固氮技术的广泛应用，农业的面貌将为之一新。

工业化农业的发展，以投入大量物质和能量为标志，促进了生产力的大幅度提高，但也带来了能源枯竭、环境污染和生态失调等严重的社会问题。近年来出现的新科学技术革命中，产生了一批新的技术群，如生物工程技术、新能源技术、微电子技术、原子能技术、空间技术和海洋技术等。这些科学技术成果正不同程度地在农业中得到应用，为解决工业化农业带来的环境、能源和生态问题，呈现了光明的前景。

第二节　农业产业分类

中国国家统计局对三次产业的划分规定，第一产业指农业（包括林业、牧业、渔业等），指以利用自然力为主，生产不必经过深度加工就可消费的产品或工业原料的部门。第一产业为第二、第三产业奠定基础，是提供支撑国民经济建设与发展的基础产业。

根据国务院办公厅转发的国家统计局关于建立第三产业统计报告上对我国三次产业划分的意见（《国民经济行业分类》（GB/T 4754-2011））：第一产业是指农、林、牧、渔业（不含农、林、牧、渔服务业）（可见表1-1）。

表1-1　国民经济行业第一产业分类

产业	门类	大类	名称
第一产业	A		农、林、牧、渔业
		01	农业（种植业）
		02	林业
		03	畜牧业
		04	渔业

一、种植业

种植业是利用动植物的生长发育规律，通过人工培育来获得产品的产业。农业属于第一产业，研究农业的科学是农学。农业的劳动对象是有生命的动植物，获得的产品是动植物本身。狭义的农业是指种植业，包括粮食作物、经济作物、饲料作物和绿肥等的生产。种植五谷，其具体项目通常用"十二个字"即"粮、棉、油、麻、丝（桑）、茶、糖、菜、烟、果、药、杂"来代表，粮食生产占主要地位。本书所分析的农业是狭义的农业，也就是种植业。

种植业是利用植物的生活机能，通过人工培育以取得粮食、副食品、饲料和工业原料的社会生产部门。包括各种农作物、林木、果树、药用和观赏等植物的栽培。有粮食作物、经济作物、蔬菜作物、绿肥作物、饲料作物、牧草、花卉等园艺作物。在中国，种植业同林业、畜牧业、副业和渔业合在一起，为广义的农业。在国外，种植业一般同畜牧业合在一起，统称为农业。

种植业主要分布在我国东部，又分南方和北方，南方以水田为主，北方以旱田为主。

根据发展种植业的条件、种植制度、作物结构、生产布局和商品化程度，以及发展种植业生产的方向、措施，按照区内相似性与区间差异性，并保持一定行政区界完整性的原则，中国农作物种植业区域划分为10个一级区和31个二级区。其中一级区分别为：东北大豆、春麦、玉米、甜菜区；北部高原小杂粮、甜菜区；黄淮海棉、麦、油、烟、果区；长江中下游稻、棉、油、桑、茶区；南方丘陵双季稻、茶、柑橘区；华南双季稻、热带作物、甘蔗区；川陕盆地稻、玉米、薯类、柑橘、桑区；云贵高原稻、玉米、烟草区；西北绿洲麦、棉、甜菜、葡萄区；青藏高原青稞、小麦、甜菜区。

作为发展经济学概念的现代农业指智慧农业，是与工业4.0或后工业时代对称的农业现代化。现代农业不同于农业产业化，也不同于农业工业化，是智慧农业，是指以智慧经济为主导、大健康产业为核心的自动化、个性化、艺术化、生态化、规模化、精准化农业。

现代农业是健康农业、有机农业、绿色农业、循环农业、再生农业、观光农业的统一，是田园综合体和新型城镇化的统一，是农业、农村、农民现代化的统一。现代农业是现代产业体系的基础。发展中国家发展现代农业可以加快产业升级、解决就业问题、消灭贫困、缓解两极分化、促进社会公平、消除城乡差距、开发国内市场、形成可持续发展的经济增长点，是发展中国家农业发

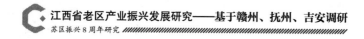

展的必由之路，是发展中国家实现经济发展的主要着力点。我国发展现代农业是解决"三农"问题的根本途径，是经济可持续发展、实现经济发展的根本途径。

二、林业

林业是利用土地资源培育采伐林木的部门，是指保护生态环境保持生态平衡，培育和保护森林以取得木材和其他林产品、利用林木的自然特性以发挥防护作用的生产部门，是国民经济的重要组成部分之一。林业在人和生物圈中，通过先进的科学技术和管理手段，从事培育、保护、利用森林资源，充分发挥森林的多种效益，且能持续经营森林资源，促进人口、经济、社会、环境和资源协调发展的基础性产业和社会公益事业。

三、畜牧业

畜牧业是利用土地资源培育或者直接利用草地发展畜牧的部门，是利用畜禽等已经被人类驯化的动物，或者鹿、麝、狐、貂、水獭、鹌鹑等野生动物的生理机能，通过人工饲养、繁殖，使其将牧草和饲料等植物能转变为动物能，以取得肉、蛋、奶、羊毛、山羊绒、皮张、蚕丝和药材等畜产品的生产部门。区别于自给自足家畜饲养，畜牧业的主要特点是集中化、规模化并以营利为生产目的。畜牧业是人类与自然界进行物质交换的极重要环节。

畜牧业是农业的组成部分之一，与种植业并列为农业生产的两大支柱。

四、渔业

渔业，又称水产业，是利用土地上水域空间进行水产养殖的部门，是指利用水域以取得具有经济价值的鱼类或其他水生动植物的生产部门。包括采捕水生动植物资源的水产捕捞业和养殖水生动植物的水产养殖业两个部分。

在社会生产发展过程中，渔业的内容发生过几次大变化，渔业的含义也相应地发生了变化。人类早先的渔业仅限于天然捕捞，后来人们学会了人工饲养鱼类技术，渔业就增加了水产养殖的内容。随着水产加工的发展，又把水产加工包括在渔业中，称为广义的渔业或水产业。

在中国，渔业是广义农业的组成部分。在国外，一些国家（如美国、日本等）按其通行的划分经济部门的方法，把渔业同农业（种植业）、畜牧业、林业、采掘业一样划入第一产业部门。

第二章

赣州市农业振兴发展

第一节　赣州市农业发展势态

　　赣州地域辽阔，青山绿水，人勤物丰，农业发展生机勃勃。赣州是典型的丘陵山区农业大市，农村人口多、农业比重大，农村户籍人口773.9万、占总人口的79.44%，耕地面积658.3万亩。赣州属典型的亚热带湿润季风气候，四季分明、气候温和、热量丰富、雨量充沛，地表水资源、人均拥有水量高于全国、全省平均水平。地处高含硒量生态景观区域，富硒土地资源分布面积近4000平方公里。自然环境优美，生态优势明显，是江西省母亲河赣江和香港饮用水源东江的源头，水质常年在Ⅲ类以上；森林覆盖率是全国森林覆盖率最高的十大城市之一、高达76.4%，是全国的4.1倍，负氧离子含量居全国前列，是我国南方18个重点林区之一和重要的生态屏障。2018年全市农业总产值545.8亿元、农业增加值350.98亿元，分别增长3.66%、3.84%；农村居民人均可支配收入10782元，增长11%，增幅连续六年全省第一。

　　近年来，赣州市紧抓赣南等原中央苏区振兴发展重大历史机遇，围绕打造世界最大的优质脐橙产业基地、全国重要的特色农产品深加工基地、面向东南沿海和港澳地区优质农产品供应基地的战略目标，策应农业供给侧结构性改革，打好现代农业攻坚战，突出脐橙、油茶、蔬菜三大主导产业，生猪、家禽、牛羊等区域特色产业。现有国家命名的"中国特产之乡"14个，现有中国驰名商标5件、国家农产品地理标志3件、国家地理标志商标26个、国家地理标志保护产品12件，"三品一标"（无公害农产品、绿色食品、有机食品和农产品地理标志）农产品439个。

现代农业取得突破性进展。脐橙产业稳产稳收，柑橘黄龙病实现可控，赣南脐橙产区入选中国特色农产品优势区，品牌价值稳居全国榜首。蔬菜产业异军突起，三年新增钢架大棚 12.16 万亩，建成规模蔬菜基地 20.4 万亩，开行中欧蔬菜班列，赣南蔬菜正走向全国、走出国门，成为继脐橙之后又一农业富民产业。油茶产业持续壮大，三年新造高产油茶林 37.5 万亩，改造低产油茶林 38.6 万亩，赣南茶油获批国家地理标志证明商标，品牌价值跻身全国百强。成功创建 2 个国家级、28 个省级现代农业示范园，信丰现代农业产业园被认定为国家级、系全省唯一。三年新增规模以上农产品加工企业 58 家，年加工 20 万吨脐橙的农夫山泉建成投产。三年新增国家地理标志证明商标 12 件、总量达 25 件，均列全省第一。赣州市现代农业发展找准了路径，设施农业、科技农业、规模农业迅速扩张，农业发展理念发生根本性转变。

第二节　赣州市农业经济指标

一、第一产业增加值

2011~2019 年，赣州市第一产业增加值分别为 232.70 亿元、252.41 亿元、271.79 亿元、287.24 亿元、295.56 亿元、320.12 亿元、345.22 亿元、340.30 亿元、376.32 亿元，从 2011 年到 2019 年增加了 143.62 亿元，增长了 61.72%，具体增长规模见图 2-1。

由图 2-1 可以看出，赣州市第一产业增加值不断增加，主要是因为在《国务院关于支持赣南等原中央苏区振兴发展的若干意见》的政策扶持下，把解决"三农"问题放在突出位置，巩固提升农业基础地位，大力发展现代农业，稳定发展粮食生产，大力发展特色农业，促进城乡统筹发展。

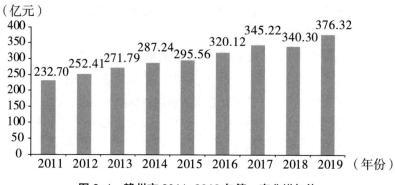

图 2-1 赣州市 2011~2019 年第一产业增加值

二、第一产业增长率

2011~2019 年，赣州市第一产业增长率分别为 4.0%、4.8%、5.1%、5.0%、4.1%、4.2%、4.8%、3.7%、3.3%，其变化趋势呈"M"型增长，但农业增长率呈现一定下降趋势，如图 2-2 所示。

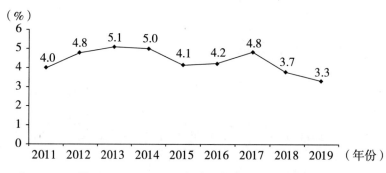

图 2-2 2011~2019 年赣州市第一产业增长率

资料来源：

三、三次产业结构变化趋势

自三次产业在国民经济中以一定比例相配合即形成产业结构。赣州市 2011~2019 年三次产业结构变化趋势如图 2-3 所示，第一、第二产业比重逐年下降。第一产业所占比重由 2011 年的 17.4% 下降到 2019 年的 10.8%，比第二产业下降幅度更大。第三产业占比上升速度快，由 2011 年的 35.4% 上升到

2019 年 49.8%。

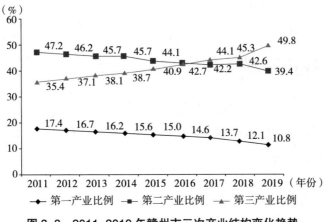

图 2-3　2011~2019 年赣州市三次产业结构变化趋势

四、农林牧渔业总产值

2011~2019 年，赣州市的农林牧渔业总产值分别为 3750930 万元、4053589 万元、4359037 万元、4607883 万元、4805892 万元、5181724 万元、5355116 万元、5457965 万元、6080600 万元，从 2011 年到 2019 年增加了2329670 万元，增长了 62.11%，具体增长规模见图 2-4。其增长波动性明显，呈现"W"型增长特征。

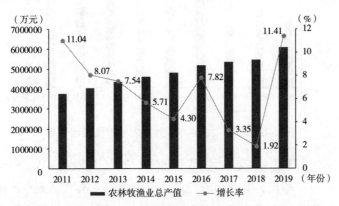

图 2-4　2011~2019 年赣州市农林牧渔业总产值及增长率

第三节 赣州市农业细分行业发展

一、赣州市农业（种植）振兴发展

根据赣州市农业种植特点，以粮食、油料、花生、棉花、甘蔗、烤烟、果园、脐橙、梨、茶叶等农作物为研究对象，对赣州市农业（种植）发展情况进行分析。

（一）农业产值

2011~2019 年，赣州市农业产值分别为 1737458 万元、1897601 万元、2053886 万元、2178400 万元、2357525 万元、2647962 万元、2806915 万元、2993015 万元、3095518 万元，从 2011 年到 2019 年增加了 1358060 万元，增长了 62.11%，具体增长规模见图 2-5，其增长特征呈"M"型，增长速度存在总体放缓的趋势。

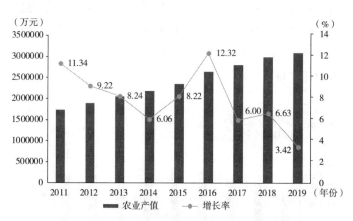

图 2-5 2011~2019 年赣州市农业产值及增长率

（二）农业产值占农林牧渔业比重

由表 2-1 可以看出，赣州市农业产值在赣州市农林牧渔业总产值中的比重由 2011 年的 46.32% 上升至 2019 年的 50.91%，说明农业经济在第一产业经济中占主导地位。

表 2-1　2011~2019 年赣州市农业产值占农林牧渔业总产值的比重

年份	农业产值（万元）	农林牧渔业总产值（万元）	所占比重（%）
2011	1737458	3750930	46.32
2012	1897601	4053589	46.81
2013	2053886	4359037	47.12
2014	2178400	4607883	47.28
2015	2357525	4805892	49.05
2016	2647962	5181724	51.10
2017	2806915	5355116	52.42
2018	2993015	5457965	54.84
2019	3095518	6080600	50.91

（三）结构性分析

1. 粮食产业

以水稻为主的粮食是赣州市的传统农业产业，水稻占粮食作物的比重和双季稻占水稻的比重均在 90% 以上，有宁都、兴国、信丰、于都、赣县、南康、瑞金、会昌 8 个全省粮食生产重点县，其中宁都县是全国产粮大县。近年来，赣州市坚持粮食安全底线不动摇，深入实施"藏粮于地、藏粮于技"战略，全市粮食生产保持稳定发展，2018 年全市粮食播种面积 763.6 万亩，总产量 267.9 万吨，自产粮食可实现基本口粮供给平衡。粮食加工能力较强，现有粮食种植专业合作社 352 个，百亩以上粮食种植大户 213 户；规模以上粮食加工企业 107 个，年加工能力 220 万吨，实际加工 90 万吨。"五丰牌"系列米粉多次荣获省、部级金奖和国内名牌及省内著名商标等荣誉。主要产品有宁都富硒有机大米、崇义高山梯田有机米、会昌米粉、定南面条、赣县面条、赣县黄元米果、石城米粉、大余黄元米果等。

如表 2-2 所示，赣州市 2011~2019 年的粮食播种面积分别为 514.074 千公顷、513.087 千公顷、513.621 千公顷、512.297 千公顷、512.493 千公顷、513.323 千公顷、515.267 千公顷、509.073 千公顷、509.207 千公顷，从 2011 年到 2019 年减少了 4.867 千公顷，增长率为 -0.95%。赣州市 2011 年至 2019 年的粮食产量为 253.1700 万吨、252.9900 万吨、256.4900 万吨、258.67 万吨、261.64 万吨、262.79 万吨、291.03 万吨、267.95 万吨、269.64 万吨，从 2011

年到 2019 年增加了 16.47 万吨，增长率为 6.51%，粮食播种面积与产量呈正相关，虽然播种面积略有减少，但粮食产量基本呈稳定增长。

表 2-2　2011~2019 年赣州市的粮食播种面积、产量及其增长率

年份	粮食播种面积（公顷）	粮食播种面积增长率（%）	粮食产量（吨）	粮食产量增长率(%)
2011	514074	—	2531700	—
2012	513087	−0.19	2529900	−0.07
2013	513621	0.10	2564900	1.38
2014	512297	−0.26	2586700	0.85
2015	512493	0.04	2616400	1.15
2016	513323	0.16	2627900	0.44
2017	515267	0.38	2910300	10.75
2018	509073	−1.20	2679500	−7.93
2019	509207	0.03	2696400	0.63

2. 油料作物

如表 2-3 所示，赣州市 2011~2019 年的油料播种面积分别为 46.414 千公顷、47.347 千公顷、38.975 千公顷、40.391 千公顷、40.264 千公顷、40.185 千公顷、40.796 千公顷、40.634 千公顷、40.213 千公顷，从 2011 年到 2019 年减少了 6.201 千公顷，增长率为 −13.36%。其中，2013 年油料播种面积骤降 17.68%。赣州市 2011~2018 年的油料产量为 9.9700 万吨、10.4302 万吨、9.5300 万吨、9.8700 万吨、10.1015 万吨、10.2100 万吨、10.3900 万吨、10.3600 万吨，从 2011 年到 2018 年增加了 0.39 万吨，增长率为 3.91%。油料播种面积与产量呈正相关。

表 2-3　2011~2019 年赣州市的油料播种面积、产量及其增长率

年份	油料播种面积（公顷）	油料播种面积增长率（%）	油料产量（吨）	油料产量增长率（%）
2011	46414	—	99700	—
2012	47347	2.01	104302	4.62
2013	38975	−17.68	95300	−8.63

年份	油料播种面积 （公顷）	油料播种面积增 长率（%）	油料产量（吨）	油料产量增长率 （%）
2014	40391	3.63	98700	3.57
2015	40264	−0.31	101015	2.35
2016	40185	−0.20	102100	1.07
2017	40796	1.52	103900	1.76
2018	40634	−0.40	103600	−0.29
2019	40213	−1.04	—	—

　　如表2-4所示，赣州市2011~2019年的花生产量分别为8.3195万吨、8.7219万吨、8.8296万吨、9.014万吨、9.2692万吨、9.3666万吨、9.5952万吨、9.5800万吨、9.6800万吨，从2011年到2018年增加了1.3605万吨，增长率为16.35%。2011~2018年的花生单位面积产量分别为2644公斤/公顷、2676公斤/公顷、2694.251公斤/公顷、2712公斤/公顷、2771公斤/公顷、2806公斤/公顷、2817公斤/公顷、2805公斤/公顷，从2011年到2018年增加了161公斤/公顷，增长率为6.09%。

表2-4　2011~2019年赣州市的花生产量、单位面积产量及其增长率

年份	花生产量（万吨）	花生产量增长率 （%）	花生单位面积产量 （公斤/公顷）	花生单位面积产 量增长率（%）
2011	8.3195	—	2644	—
2012	8.7219	4.84	2676	1.21
2013	8.8296	1.23	2694.251	0.68
2014	9.014	2.09	2712	0.66
2015	9.2692	2.83	2771	2.18
2016	9.3666	1.05	2806	1.26
2017	9.5952	2.44	2817	0.39
2018	9.5800	−0.16	2805	−0.43
2019	9.6800	1.04	—	—

3. 棉花

赣州市 2011~2018 年的棉花播种面积分别为 8 公顷、11 公顷、20 公顷、12 公顷、7 公顷、5 公顷、6 公顷、5 公顷，从 2011 年到 2018 年减少了 3 公顷，增长率为 −37.5%。赣州市 2011~2018 年的棉花播种面积、产量、单位面积产量及其增长率如表 2-5 所示，从 2011 年到 2018 年棉花产量增加了 4 吨，增长率为 57.14%。从 2011 年到 2018 年棉花单位面积产量增加了 1325 公斤 / 公顷，增长率为 151.43%。由此可见，虽然棉花播种面积有所减少，但棉花产量却没有明显减少。

表 2-5　2011~2018 年赣州市的棉花播种面积、产量、单位面积产量及其增长率

年份	棉花播种面积（公顷）	棉花播种面积增长率（%）	棉花产量（吨）	棉花产量增长率（%）	棉花单位面积产量（公斤 / 公顷）	棉花单位面积产量增长率（%）
2011	8	—	7	—	875	—
2012	11	37.50	12	71.43	1091	24.69
2013	20	81.82	24	100.00	1200	9.99
2014	12	−40.00	17	−29.17	1417	18.08
2015	7	−41.67	11	−35.29	1375	−2.96
2016	5	−28.57	9	−18.18	1800	30.91
2017	6	20.00	12	33.33	2000	11.11
2018	5	−16.67	11	−8.33	2200	10.00

4. 甘蔗

如表 2-6 所示，赣州市 2011~2018 年的甘蔗产量分别为 1.3761 万吨、1.306 万吨、1.1478 万吨、1.0147 万吨、1.172 万吨、0.9891 万吨、0.8871 万吨、1.1419 万吨、1.13 万吨，从 2011 年到 2018 年减少了 0.2461 万吨，增长率为 −17.88%。2011~2018 年的甘蔗单位面积产量分别为 45718 公斤 / 公顷、46477 公斤 / 公顷、46096.39 公斤 / 公顷、45914 公斤 / 公顷、42618 公斤 / 公顷、45372 公斤 / 公顷、43273 公斤 / 公顷、45134 公斤 / 公顷，从 2011 年到 2018 年减少了 584 公斤 / 公顷，增长率为 −1.28%。

表 2-6 2011~2019 年赣州市甘蔗产量、单位面积产量及其增长率

年份	甘蔗产量（万吨）	甘蔗产量增长率（%）	甘蔗单位面积产量（公斤/公顷）	甘蔗单位面积产量增长率（%）
2011	1.3761	—	45718	—
2012	1.306	−5.09	46477	1.66
2013	1.1478	−12.11	46096.39	−0.82
2014	1.0147	−11.60	45914	−0.40
2015	1.172	15.50	42618	−7.18
2016	0.9891	−15.61	45372	6.46
2017	0.8871	−10.31	43273	−4.63
2018	1.1419	28.72	45134	4.30
2019	1.13	−1.04	—	—

5. 烟叶类

赣州市 2011~2018 年的烤烟播种面积分别为 8.363 千公顷、9.822 千公顷、9.947 千公顷、11.161 千公顷、10.817 千公顷、11.823 千公顷、10.155 千公顷、8.156 千公顷，从 2011 年到 2018 年减少了 0.207 千公顷，增长率为 −2.48%。赣州市 2011~2018 年的烟叶产量和烤烟产量如表 2-7 所示，从 2011 年到 2018 年烟叶总产量和烤烟烟叶产量分别减少了 0.3337 万吨和 0.3185 万吨，增长率为 −18% 和 −17.36%。烤烟播种面积与产量呈正相关。烟叶总产量与烤烟烟叶产量基本一致，说明赣州市主要种植烤烟烟叶。

表 2-7 2011~2018 年赣州市的烤烟播种面积、产量及其增长率

年份	烤烟播种面积（千公顷）	烤烟播种面积增长率（%）	烟叶总产量（万吨）	烟叶总产量增长率（%）	烤烟烟叶产量（万吨）	烤烟烟叶产量增长率（%）
2011	8.363	—	1.8541	—	1.8351	—
2012	9.822	17.45	2.0388	9.96	2.027	10.46
2013	9.947	1.27	2.0352	−0.18	2.0283	0.06
2014	11.161	12.20	2.2779	11.93	2.258	11.32
2015	10.817	−3.08	1.9881	−12.72	1.98	−12.31

续表

年份	烤烟播种面积（千公顷）	烤烟播种面积增长率（%）	烟叶总产量（万吨）	烟叶总产量增长率（%）	烤烟烟叶产量（万吨）	烤烟烟叶产量增长率（%）
2016	11.823	9.30	2.2075	11.04	2.2011	11.17
2017	10.155	−14.11	2.1474	−2.72	2.0836	−5.34
2018	8.156	−19.68	1.5204	−29.20	1.5166	−27.21

6. 蔬菜产业

咬定"把蔬菜打造成农业支柱富民产业，把赣州打造成江南重要的蔬菜集散地"产业定位，通过强化规划引领、科技支撑和政策扶持，坚持高起点、高标准、高规格推进，蔬菜生产实现数量、质量双提升，呈现产业规模集聚、三产融合发展、科技引领升级的竞相发展态势。目前，全市新（扩）建 50 亩以上规模蔬菜基地 707 个、建成面积 25.9 万亩，其中大棚面积 15.2 万亩。2018年蔬菜播种面积 198 万亩、产量 347 万吨，比 2017 年分别增加 10 万亩、18万吨。制定《赣州市蔬菜专业村（组）建设规范》《赣州市高标准蔬菜示范基地建设规范》，进一步发挥龙头带动作用，扩大设施蔬菜基地规模，产业向乡镇辐射延伸，高起点推进蔬菜产业发展；抢抓东南沿海和省内目标市场，建成中国供销·赣州国际农产品交易中心、华东城等蔬菜批发市场，开通中欧班列蔬菜产品实现出口，建立与深圳、香港长期合作和直供平台。主要有信丰萝卜干、兴国芦笋、大余周村芋荷、于都峡山道菜等。

7. 瓜果类

如表 2-8 所示，赣州市 2011~2018 年的果园面积分别为 182.926 千公顷、187.837 千公顷、189.35 千公顷、180.957 千公顷、172.873 千公顷、165.203千公顷、160.1333 千公顷、165.08 千公顷，从 2011 年到 2018 年减少了17.846 千公顷，增长率为 −9.76%。其增长率呈"上升—下降—上升"趋势，其中 2013~2017 年逐年下降，其原因主要是受黄龙病等影响，导致果园种植面积减少。

表 2-8　2011~2018 年赣州市的果园面积及其增长率

年份	果园面积（千公顷）	果园面积增长率（%）
2011	182.926	—
2012	187.837	2.68
2013	189.35	0.81
2014	180.957	−4.43
2015	172.873	−4.47
2016	165.203	−4.44
2017	160.1333	−3.07
2018	165.08	3.09

如表 2-9 所示，赣州市 2011~2019 年的水果产量分别为 176.14 万吨、169.02 万吨、195.28 万吨、163.20 万吨、166.65 万吨、142.78 万吨、158.10 万吨、164.19 万吨、170.71 万吨，从 2011 年到 2019 年减少了 5.43 万吨，增长率为 −3.08%。2011~2018 年的柑桔产量分别为 168.4726 万吨、160.5617 万吨、187.3641 万吨、155.0880 万吨、158.3800 万吨、133.5438 万吨、146.8019 万吨、147.2308 万吨，从 2011 年到 2018 年减少了 21.24 万吨，增长率为 −12.61%。2011 年至 2018 年的梨产量分别为 1.7066 万吨、1.6724 万吨、1.5652 万吨、1.4910 万吨、1.3719 万吨、1.3502 万吨、1.4616 万吨、1.5675 万吨，从 2011 年到 2018 年减少了 0.1391 万吨，增长率为 −8.15%。

表 2-9　2011~2019 年赣州市的水果产量及其增长率

年份	水果产量（吨）	水果产量增长率（%）	柑桔产量（吨）	柑桔产量增长率（%）	梨产量（吨）	梨产量增长率（%）
2011	1761400	—	1684726	—	17066	—
2012	1690200	−4.04	1605617	−4.70	16724	−2.00
2013	1952800	15.54	1873641	16.69	15652	−6.41
2014	1632000	−16.43	1550880	−17.23	14910	−4.74
2015	1666500	2.11	1583800	2.12	13719	−7.99
2016	1427838	−14.32	1335438	−15.68	13502	−1.58
2017	1581000	10.73	1468019	9.93	14616	8.25

年份	水果产量（吨）	水果产量增长率（%）	柑桔产量（吨）	柑桔产量增长率（%）	梨产量（吨）	梨产量增长率（%）
2018	1641900	3.85	1472308	0.29	15675	7.25
2019	1707100	3.97	—	—	—	—

（1）脐橙产业。

赣州是全国著名的脐橙主产区，被誉为"世界橙乡"。2018 年全市柑橘种植面积 208 万亩、产量 147 万吨，其中脐橙种植面积 156 万亩、产量 117 万吨。实现脐橙产业集群总产值 180 亿元，赣南脐橙以 675.41 亿元的品牌价值，荣登 2018 年区域品牌（地理标志保护产品）百强榜第九，位列水果类产品第一，"赣南脐橙""寻乌蜜桔"地理标志证明商标被认定为中国驰名商标。初步建立起了覆盖全国的市场营销体系，不但走进了国内所有大中城市市场，而且远销中国香港、中国澳门、东南亚、中东以及俄罗斯、蒙古、印度等 20 多个国家和地区。产品主要有赣南脐橙、寻乌蜜桔、南康甜柚、安远红心柚、会昌桔柚、石城红肉脐橙、信丰农夫山泉 17.5° 脐橙汁、赣县脐橙酵素深加工品等。

（2）果酒饮料产品。

刺葡萄主要在崇义县种植，面积达 5000 亩，成功酿造出符合国家葡萄酒标准的君子谷干红刺葡萄酒，年产量达 1000 吨，获第五届亚洲葡萄酒质量大赛金奖。以桑葚、糯米、甜玉米为原料，酿制了桑葚酒、三甲酒、玉米汁等。主要有崇义君子谷刺葡萄酒及饮料、安远桑葚酒、宁都三甲酒、信丰玉米汁等。

8. 茶叶产业

茶叶是赣州市重要的经济作物，也是赣州市的传统产业，种植时间有文字记载最早可追溯到唐朝，赣南茶叶内质素来颇佳，从唐代开始就已被列为贡品，是北宋全国 13 大茶区之首，在全国区划中属于茶叶生产的最适宜区。全市 18 个县（市、区）均有茶叶种植，截至 2018 年底，全市茶园面积 19.8 万亩。茶园面积 5000 亩以上的有上犹、崇义、宁都、于都、兴国、会昌、瑞金 7 个县（市），其中万亩以上的有上犹、崇义、宁都、于都、兴国、会昌 6 个县，面积最大的上犹县有 10 万亩，占全市茶叶总面积的一半以上。先后引进和推广龙井 43、安吉白茶、黄金芽、福鼎大白等 10 多个优良品种，其中白茶种植面积两万亩。加工产品由单一加工生产绿茶产品为主转向加工绿茶、白茶、红茶等多种产品，清洁化生产成为加工主流。按照政府引导、市场运作的原则，大力实施茶叶品牌带动工程，推进区域茶叶品牌整合。2018 年成功召开赣州市茶叶产业协会成立大会，成功组建赣州市茶叶产业协会，并委托第三方申请注册"赣南高山茶"茶叶集体商标，目前国家工商行政管理总局已通过首审。2018 年组织赣州市 17 家茶企参加第二届中国（南昌）国际茶业博览会，喜获 2 个特别金奖、5 个金奖，有效扩大赣南茶叶影响力。主要有上犹绿茶、崇义绿（白）茶、定南云台山茶、宁都小布岩茶、瑞金武夷源茶、于都盘古龙珠茶、龙南虔茶等。

如表 2-10 所示，赣州市 2011~2018 年的茶园面积分别为 9.003 千公顷、10.164 千公顷、11.177 千公顷、11.838 千公顷、12.767 千公顷、13.508 千公顷、13.873 千公顷、13.200 千公顷，从 2011 年到 2018 年增加了 4.197 万吨，增长率为 46.62%。赣州市 2011 年至 2019 年的茶叶产量分别为 2623 吨、3600 吨、4060 吨、4140 吨、4539 吨、4856 吨、5143 吨、5291 吨、5200 吨，从 2011 年到 2018 年增加了 2577 吨，增长率为 98.25%。

表 2-10　2011~2019 年赣州市茶园面积、茶叶产量及其增长率

年份	茶园面积（千公顷）	茶园面积增长率（%）	茶叶产量（吨）	茶叶产量增长率（%）
2011	9.003	—	2623	—
2012	10.164	12.90	3600	37.25
2013	11.177	9.97	4060	12.78
2014	11.838	5.91	4140	1.97
2015	12.767	7.85	4539	9.64
2016	13.508	5.80	4856	6.98
2017	13.873	2.70	5143	5.91
2018	13.200	-4.85	5291	2.88
2019			5200	-1.72

9. 其他农作物

白莲是赣州市传统经济作物，据史料记载，清光绪年间，石城县就有种植，至今已有 300 多年历史；20 世纪 50 年代开始规模种植，80 年代逐年扩大，90 年代迅速发展；1996 年该县被国务院农业发展研究中心命名为"中国白莲

之乡"。白莲种植主要在石城、宁都、瑞金 3 个县（市），占全市面积 95% 以上。石城县每年举办"荷花生态旅游文化节"，打造"中国最美莲乡"。宁都、瑞金等县（市）积极打造白莲休闲旅游。先后引进推广太空 3 号、太空 36 号、赣莲 61 号、赣莲 62 号、建选 17 号、建选 35 号等几百个系列品种，推广了莲田养鱼、莲田蜜蜂授粉等一批实用技术。2019 年全市白莲种植面积 14 万亩，白莲已成为莲区农民的增收产业，亩均效益 4400 元，纯收入 3600 元。主要有石城白莲、冷冻鲜莲及莲制品。

二、赣州市林业振兴发展

赣州市位于江西省南部，赣江的源头，俗称赣南。下辖 3 个市辖区、14 个县、1 个县级市、2 个功能区，总面积 3.94 万平方公里，是个"八山半水一分田，半分道路和庄园"的丘陵山区，全区气候温和，雨量充沛，土地肥沃，森林资源丰富，动植物种类繁多，是全国十七个重点林区之一。因此，加快赣南林业建设的发展步伐，对于发展赣南农业，搞好老区建设，振兴赣南经济具有十分重要的战略意义。

选取林业产值、面积、森林覆盖率、增长率等指标，根据赣州市林业种植特点，以造林、零星（四旁）植树、自然保护区等为研究对象，对赣州市林业发展情况进行分析。

（一）林业产值

如表 2-11 所示，赣州市 2011~2018 年的林业产值分别为 228697 万元、254279 万元、280872 万元、309378 万元、335665 万元、462540 万元、518332 万元、571583 万元，从 2011 年到 2018 年增加了 342886 万元，增长了 149.93%。

表 2-11 2011~2018 年赣州市的林业产值及其增长率

年份	林业产值（万元）	林业产值增长率（%）
2011	228697	—
2012	254279	11.19
2013	280872	10.46
2014	309378	10.15
2015	335665	8.50

年份	林业产值（万元）	林业产值增长率（%）
2016	462540	37.80
2017	518332	12.06
2018	571583	10.27

（二）林业产值占农林牧渔业比重

由表 2-12 可以看出，赣州市林业产值在赣州市农林牧渔业总产值中的比重由 2011 年的 6.10% 上升至 2019 年的 10.47%。

表 2-12　2011~2019 年赣州市林业产值占农林牧渔业总产值的比重

年份	林业产值（万元）	农林牧渔业总产值（万元）	所占比重
2011	228697	3750930	6.10
2012	254279	4053589	6.27
2013	280872	4359037	6.44
2014	309378	4607883	6.71
2015	335665	4805892	6.98
2016	462540	5181724	8.93
2017	518332	5355116	9.68
2018	571583	5457965	10.47

1. 森林资源

根据 2016 年林地年度变更调查暨森林资源数据更新成果资料，截至 2016 年底，全市林地面积 4592.62 万亩，森林面积 4423.75 万亩，活立木总蓄积量 13459.85 万立方米，毛竹总株数 3.90 亿株；阔叶树及混交林面积 1213.22 万亩，蓄积量 5536.85 万立方米；年均生长量 960 万立方米，采伐限额蓄积 354.27 万立方米，近年来实际年采伐蓄积 70 万立方米左右；森林覆盖率 76.23%，名列全省第一，在全国设区市中列第九。

（1）森林野生植物资源。

境内森林野生植物主要有 220 科 2298 种。列入《国家重点保护野生植物名录》（第一批）的 30 种，其中赣州市国家一级保护野生植物 2 种（南方红豆杉、伯乐树），国家二级保护野生植物 28 种 [樟（香樟）、闽楠、金钱松、华南五针松、南方铁杉、福建柏、穗花杉、榧树、红豆树、花榈木（花梨木）、厚朴、观光木、毛红椿、黄连、香果树、山金柑、金豆、伞花木、银钟花、榉树、苦梓、马蹄香、青钱柳、八角莲、柳叶蜡梅、半枫荷、草珊瑚、突托蜡梅]，列入省级重点保护植物78种。

（2）森林野生动物资源。

全市有陆生野生动物326种。其中国家级保护动物48种。其中赣州市国家一级保护野生动物7种：蟒蛇、虎、豹、云豹、黑麂、黑鹳、黄腹角雉。赣州市国家二级保护野生动物41种：鸳鸯、黑冠鹃隼、黑鸢、苍鹰、赤腹鹰、凤头鹰、雀鹰、松雀鹰、普通鵟、鹰雕、白肩雕、鹊鹞、游隼、燕隼、红隼、褐翅鸦鹃、草鸮、红角鸮、领角鸮、雕鸮、领鸺鹠、斑头鸺鹠、长耳鸮、短耳鸮、斑尾鹃鸠、仙八色鸫、蓝翅八色鸫、白鹇、猕猴、穿山甲、豺、黑熊、水獭、小灵猫、斑灵猫、金猫、水鹿、苏门羚、斑羚、藏酋猴、虎纹蛙。

2. 生态公益林

全市共实施国家级生态公益林和省级生态公益林保护面积1505.96万亩，其中，国家级生态公益林1155.38万亩，省级生态公益林350.58万亩。公益林面积占全市林地面积32.79%，占全省公益林总面积的29.53%。

如表2-13所示，赣州市2011~2016年的造林面积分别为33.69千公顷、30.121千公顷、35.776千公顷、32.73千公顷、34.11千公顷、24.52千公顷，从2011年到2016年减少了9.17千公顷，增长了-27.22%。赣州市2011年至2019年的人工造林面积减少了10.213千公顷，增长了-35.39%。造林面积与人工造林面积的增长趋势基本保持一致。

表2-13　2011~2019年赣州市的造林面积及其增长率

年份	造林面积（千公顷）	造林面积增长率（%）	人工造林面积（千公顷）	人工造林面积增长率（%）
2011	33.69	—	28.86	—
2012	30.121	-10.59	26.454	-8.34
2013	35.776	18.77	33.043	24.91
2014	32.73	-8.51	32.65	-1.19
2015	34.11	4.22	34.11	4.47
2016	24.52	-28.11	24.52	-28.11

年份	造林面积（千公顷）	造林面积增长率（%）	人工造林面积（千公顷）	人工造林面积增长率（%）
2017	—	—	25.95	5.83
2018	—	—	23.76	−8.44
2019	—	—	18.647	−21.52

3. 国有林场

全市原有国有林场 116 个，经改革整合重组为 51 个，其中生态公益型林场 34 个，商品经营型林场 17 个，国有林场经营管理面积 698.17 万亩，林场活立木蓄积量 2862.74 万立方米。全市共有在册职工总人数 26540 人，其中在职职工人数 4071 人，已置换职工身份人数 11673 人，离退休职工人数 10796 人。

4. 森林公园

全市现有 31 个森林公园，总面积 149127.92 公顷。其中，国家级森林公园 10 个（赣州市峰山、信丰县金盆山、大余县梅关、崇义县阳明山、上犹县阳明湖、上犹县五指峰、龙南县九连山、宁都县翠微峰、会昌县会昌山、安远县三百山），面积 121019.08 公顷；省级森林公园 21 个（南康市南山、南康市大山脑、赣县水鸡崇、定南县神仙岭、龙南县武当山、龙南安基山、龙南金鸡寨、全南县梅子山、兴国县均福山、兴国县园岭、宁都老鹰山、于都县屏山、于都县罗田岩、瑞金市罗汉岩、寻乌县黄畲山、寻乌县东江源桠髻钵山、寻乌县东江源仙人寨、安远县龙泉山、石城县通天寨、石城县西华山、石城县李蜡石），面积 28108.84 公顷。

5. 自然保护区

全市现有自然保护区 51 个，面积 236957.34 公顷。其中，国家级自然保护区 3 个（九连山自然保护区、齐云山自然保护区、赣江源自然保护区），面积 46617.45 公顷；省级自然保护区 8 个（阳明山自然保护区、桃江源自然保护区、五指峰自然保护区、章江源自然保护区、凌云山自然保护区、大龙山自然保护区、会昌湘江源自然保护区、信丰金盆山自然保护区），面积 57529.64 公顷；市县级自然保护区 40 个，面积 132810.25 公顷。

如表 2-14 所示，2011~2019 年赣州市的自然保护区个数增加了 21 个，增长了 70.00%。自然保护区面积从 2011 年到 2019 年增加了 1.051 万公顷，增长了 4.64%。

表 2-14　2011~2018 年赣州市自然保护区个数、面积及其增长率

年份	自然保护区个数（个）	自然保护区个数增长率（%）	自然保护区面积（万公顷）	自然保护区面积增长率（%）
2011	30	—	22.639	—
2012	34	13.33	24.298	7.33
2013	54	58.82	27.6038	13.61
2014	54	0.00	27.604	0.001
2015	53	−1.85	26.054	−5.62
2016	53	0.00	26.054	0.00
2017	—		—	
2018	51	—	23.69	—
2019	51	0.00	23.69	0.00

6. 零星（四旁）植树

如表 2-15 所示，赣州市的零星（四旁）植树从 2011 年到 2018 年减少了 1041.56 万株，增长了 −52.42%。

表 2-15　2011~2018 年赣州市的零星（四旁）植树及其增长率

年份	零星（四旁）植树（万株）	零星（四旁）植树增长率（%）
2011	1986.8100	—
2012	1964.2613	−1.13
2013	1045.8658	−46.76
2014	146.0000	−86.04
2015	713.8400	388.93
2016	1101.3000	54.28
2017	1265.0000	14.86
2018	945.2500	−25.28

7. 林产品

（1）赣南茶油及制品。

赣州是江西省最大的油茶主产区之一，也是全国重要的油茶种植区，是全国油茶产业发展示范市。"赣南茶油"为国家地理标志保护产品。全市现有油茶林面积243万亩，规模以上加工企业12家，年产茶油1.5万吨，产业总产值42亿元。培育"齐云山""友尼宝""百丈泉""仰山""山村"等系列品牌茶油，创新研发的茶皂素、化妆品、洗涤品、药用茶油等系列产品远销国内外。主要有赣南知名品牌茶油及茶油胶囊、茶油洗发液、茶籽洗洁净等。

（2）山珍菌类及花卉。

赣州是中国商品林基地和重点开发的林区之一，全市林地面积4586万亩、竹林面积265万亩。崇义县是"中国毛竹之乡"。利用丰富的林业植物资源和独特的地理环境，开发了冬笋及制品、香菇、木耳、灵芝等一系列山珍菌类制品。赣州也是特色花卉种植的优势区域，花卉苗木面积26万亩。大余县被誉为"中国瑞香之乡""中国花木之乡"，金边瑞香种植面积5000亩，远销西欧和东南亚等国际市场。兴国县比利时杜鹃种植面积3000多亩，2008年走进奥运会场馆，2009年国庆60周年庆典时被摆到天安门广场，2010年进入上海世博会场馆。

三、赣州市畜牧业发展

选取牧业产值、产量、增长率等指标，根据赣州市畜牧业特点，以肉类、猪肉、禽蛋、奶类等为研究对象，对赣州市畜牧业发展情况进行分析。

（一）牧业产值

如表2-16所示，2011~2018年赣州市的牧业产值减少了114934万元，增长了-8.48%。

表2-16　2011~2018年赣州市牧业产值及其增长率

年份	牧业产值（万元）	牧业产值增长率（%）
2011	1355635	—
2012	1399876	3.26
2013	1466797	4.78

续表

年份	牧业产值（万元）	牧业产值增长率（％）
2014	1515803	3.34
2015	1481978	−2.23
2016	1425822	−3.79
2017	14312156	−7.97
2018	1240701	−5.45

（二）牧业产值占农林牧渔业比重

由表 2-17 可以看出，赣州市牧业产值在赣州市农林牧渔业总产值中的比重由 2011 年的 36.14% 下降至 2019 年的 22.73%，说明赣州市对畜牧业的重视度不高。

表 2-17　2011~2019 年赣州市牧业产值占农林牧渔业总产值的比重

年份	牧业产值（万元）	农林牧渔业总产值（万元）	所占比重（％）
2011	1355635	3750930	36.14
2012	1399876	4053589	34.53
2013	1466797	4359037	33.65
2014	1515803	4607883	32.90
2015	1451978	4805892	30.84
2016	1425822	5181724	27.52
2017	1312156	5355116	24.50
2018	1240701	5457965	22.73

（三）肉蛋奶产量

如表 2-18 所示，2011~2019 年赣州市的肉类总产量增加了 52400 吨，增长了 8.53%，猪肉产量从 2011 年到 2019 年增加了 15278 吨，增长了 3.45%，禽蛋产量从 2011 年到 2019 年增加了 1200 吨，增长了 2.03%。由此可见，猪肉产量趋势与肉类总产量趋势基本保持一致，说明猪肉在肉类中占比较大。

表2-18　2011~2019年赣州市肉类、禽蛋、奶类等产量及其增长率

年份	肉类总产量（吨）	肉类总产量增长率（%）	猪肉产量（吨）	猪肉产量增长率（%）	禽蛋产量（吨）	禽蛋产量增长率（%）	奶类产量（吨）	奶类产量增长率（%）
2011	614100	—	443122	—	59100	—	49000	—
2012	650800	5.98	474355	7.05	60600	2.54	40000	-18.37
2013	678500	4.26	498632	5.12	61400	1.32	41300	3.25
2014	704800	3.88	518507	3.99	—		—	
2015	713300	1.21	521889	0.65	—		—	
2016	711400	-0.27	508132	-2.64	—		—	
2017	728100	2.35	—		—		—	
2018	677100	-7.00	496700		57500		—	
2019	666500	-1.57	458400	-7.71	60300	4.87	—	

1. 生猪产业

始终把生猪生产作为赣州市农民脱贫致富的重要产业来抓，连续多年实现稳步增长。2018年生猪出栏632.7万头，同比增长2.52%，占全省近1/5，生猪产值110亿元。生猪总产量、产值等指标位居全省第一，成为全省生猪优势主产区和闽粤沿海发达城市重要的生猪"菜篮子"供应基地。转型发展步伐加快。近年来，温氏、正大、正邦集团等国内大型农业龙头企业纷纷进驻赣州市，采用"公司+小区+农户""公司+基地+农户"等多种模式，大力发展产业化经营，实现了生猪生产经营模式新突破，养殖格局向规模化、专业化、集约化生产方式转变，规模化猪场已逐步成为养猪业快速发展的主体。全市年出栏生猪500头以上的规模养殖场1704家，其中万头猪场62家。优势产区基本形成。2018年南康、定南、信丰、兴国4县被列为全国生猪调出大县，赣县、瑞金、会昌、于都4县为省级生猪调出大县。已初步形成以安远、寻乌、信丰等12个县市为重点的果园生态养猪区和以赣县、兴国、南康等为主的专业乡镇、专业村生猪产区以及以定南、全南、信丰等县为主的生猪外销与供港主产区。有15家生猪饲养场通过GAP认证获得供港资质，是全国供港注册猪场GAP认证最高的区域之一，供港生猪占全省的60%，占全国供港生猪的14%。产品加工迅速崛起。有赣州市关刀肉类加工厂、江西煌德食品有限公司、龙南雨润食品有限公司等猪肉产品加工企业30余家，年

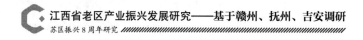

加工能力 100 万头。目前企业年加工量 30 万头，居民手工制作腌腊制品 20 万头，加工率占生猪产量的 8.5%。主要加工产品有香肠、腊肉、火腿、方肉等。

2. 牛羊产业

赣州市气候、光热条件不仅适宜种植暖季型牧草生长，也非常适宜牛、羊等草食畜禽放养。近年来，赣州市坚持合理开发利用自然资源，面向市场的原则，加快调整优化畜牧产业结构，大力发展牛、羊为主的草食畜。同时全市各地都将牛羊生产作为重要项目来抓，建设集中饲养场，规模养殖积极性较高，增长势头较为强劲，2018 年肉牛出栏 26 万头，同比增长 3.19%；羊出栏 10.79 万头，同比增长 4.68%。草食畜禽生产已连续多年成为赣州市增长速度最快的项目。

3. 家禽产业

家禽产业是赣州市畜牧业可持续发展和农民增收的特色产业。2018 年全市家禽出笼 1.08 亿羽，同比增长 6.83%，占全省的近 1/4，产量、产值位居全省第一。初步形成了具有明显地方特色优势区域，即以宁都、于都、龙南、兴国、瑞金等县（市）为主的宁都黄鸡生产优势区域，其中宁都县年出笼 4178 万羽；以兴国、于都、安远等县为主的兴国灰鹅生产优势区域；以大余、南康、赣县、于都、赣州开发区等县（区）为主的肉鸭生产优势区域；以寻乌、信丰、瑞金、龙南、上犹等县为主的蛋鸡生产优势区域。宁都黄鸡、兴国灰鹅、大余麻鸭是赣州市的地方优良家禽品种，均列入了中国畜禽遗传资源志，目前赣州市已建立宁都黄鸡和兴国灰鹅 2 个地方品种原种场。宁都黄鸡获得国家"证明商标"注册、中国驰名商标、农业部农产品地理标志登记证书、农业部无公害农产品证书、江西省著名商标，江西省首批畜禽遗传资源保护品种名录。兴国灰鹅获国家地理标志产品保护，由国家工商总局商标局批准兴国灰鹅证明商标，国家级畜禽遗传资源保护品种、江西省地方畜禽品种志。禽类产品加工主要以生产板鸭、腊鹅为主，年加工量 500 万羽。

主要产品有宁都黄鸡产品及鸡蛋、兴国灰鹅产品、大余板鸭、大余蜂蜜、赣县板鸭、关刀肉制品、牛家寨肉制品、瑞金禽蛋、于都高山青草奶等。

四、赣州市渔业振兴发展

近年来，按照"一条鱼一个产业"的思路，赣州积极调整水产产业结构，在发展草鱼等大宗水产品养殖的同时，大力发展鲟鱼、刺鲃、棘胸蛙、鳗鱼、螺旋藻等特种养殖。2018 年全市水产品总产量 29.61 万吨，同比增长 1.1%，其中特种水产品产量 8.7 万吨，同比增长 3.29%；水产品总产值达 67 亿元，鳗鱼年出口创汇 7074 万美元，居全省第一。水产早繁苗发展迅速，年生产能力近 83 亿尾，占全省 1/4 以上。优化产业布局，初步形成了以商品鱼养殖、水产苗繁育、水产品加工为主的"五带三基地"产业格局。"五带"即以大余县、信丰县、宁都县、赣县为主的草鱼等大宗水产品养殖产业带；以龙南县、全南县、定南县为主的鲟鱼养殖产业带；以赣县、全南县、上犹县为主的刺鲃养殖产业带；以于都县、大余县、崇义县为主的棘胸蛙养殖产业带；以南康市、崇义县、全南县为主的生态甲鱼养殖产业带。"三基地"即国家级兴国红鲤良种繁育基地；省级宁都、大余"四大家鱼"早繁苗基地；瑞金市、石城县鳗鱼养殖加工出口创汇基地。

选取渔业产值、水产品产量、水产品养殖面积、增长率等指标，对赣州市畜牧业发展情况进行分析。

（一）渔业产值

如表 2-19 所示，2011~2018 年赣州市的渔业产值增加了 192544 万元，增长了 53.84%。

表 2-19　2011~2018 年赣州市渔业产值及其增长率

年份	渔业产值（万元）	渔业产值增长率（%）
2011	357619	—
2012	427094	19.43
2013	477885	11.89
2014	518501	8.50
2015	539087	3.97
2016	474406	-12.00
2017	531613	12.06
2018	550163	3.49

（二）渔业产值占农林牧渔业比重

由表 2-20 可以看出，赣州市渔业产值在赣州市农林牧渔业总产值中的比重由 2011 年的 9.53% 上升至 2018 年的 10.08%。

表 2-20　2011~2018 年赣州市渔业产值占农林牧渔业总产值的比重

年份	渔业产值（万元）	农林牧渔业总产值（万元）	所占比重（%）
2011	357619	3750930	9.53
2012	427094	4053589	10.54
2013	477885	4359037	10.96
2014	518501	4607883	11.25
2015	539087	4805892	11.22
2016	474406	5181724	9.16
2017	531613	5355116	9.93
2018	550163	5457965	10.08

（三）产量

如表 2-21 所示，2011~2019 年赣州市水产品产量增加了 44100 吨，增长了 17.41%。

表 2-21　2011~2019 年赣州市水产品产量及其增长率

年份	水产品产量（吨）	水产品产量增长率（%）
2011	253300	—
2012	245200	−3.20
2013	254700	3.87
2014	265200	4.12
2015	273900	3.28
2016	279800	2.15
2017	327200	16.94
2018	296100	−9.50
2019	297400	0.44

（四）养殖面积

如表 2-22 所示，2011~2018 年赣州市水产养殖面积减少了 3.974 吨，增长了 −8.63%。

表 2-22　2011~2019 年赣州市水产养殖面积及其增长率

年份	水产养殖面积（千公顷）	水产养殖面积增长率（%）
2011	46.064	—
2012	46.0702	0.01
2013	45.337	−1.59
2014	45.315	−0.05
2015	45.333	0.04
2016	44.96	−0.82
2017	41.846	−6.93
2018	42.09	0.58

第四节　赣州市农业产业细分行业投资

固定投资反映了经济发展的潜力。2011~2017 年，赣州市农业固定资产投资及其细分行业固定资产投资如表 2-23 所示。

表 2-23　2011~2017 年赣州市农业固定资产投资额及其增长率

年份	农业固定资产投资额（亿元）	农业固定资产投资增长率（%）
2011	11.8276	—
2012	20.2406	71.13
2013	26.0643	28.77
2014	30.6852	17.73
2015	47.3002	54.15
2016	39.0195	−17.51
2017	56.0471	43.64

总体来看，赣州市农业产业固定资产投资额从 2011 年的 11.8276 亿元增加到 2017 年的 56.0471 亿元，增加了 44.2195 亿元，增长率达 373.87%。可以预期，未来赣州市现代农业发展将出现一个高速发展阶段。

一、赣州市种植业投资

如表 2-24 所示，2011~2017 年赣州市种植业固定资产投资额增加了 40.3265 亿元，增长了 1311.30%。

表 2-24　2011~2017 年赣州市种植业固定资产投资额及其增长率

年份	种植业固定资产投资（亿元）	种植业固定资产投资增长率(%)
2011	3.0753	—
2012	7.2922	137.12
2013	9.1967	26.12
2014	16.2767	76.98
2015	25.2397	55.07
2016	30.4914	20.81
2017	43.4018	42.34

二、赣州市林业投资

如表 2-25 所示，2011~2017 年赣州市林业固定资产投资额增加了 5.1342 亿元，增长了 261.38%。

表 2-25　2011~2017 年赣州市林业固定资产投资额及其增长率

年份	林业固定资产投资（亿元）	林业固定资产投资增长率(%)
2011	1.9643	—
2012	2.8457	44.87
2013	1.9987	−29.76
2014	2.5523	27.70
2015	4.2751	67.50
2016	3.7726	−11.75
2017	7.0985	88.16

三、赣州市畜牧业投资

如表 2-26 所示，2011~2017 年赣州市畜牧业固定资产投资额减少了 1.2133 亿元，增长了 -18.64%，这可能受到非洲猪瘟病影响。幸运的是，2018 年后，赣州市畜牧业投资开始回暖，生猪养殖规模有所提升。

表 2-26　2011~2017 年赣州市畜牧业固定资产投资额及其增长率

年份	畜牧业固定资产投资 （亿元）	畜牧业固定资产投资增长率 （%）
2011	6.508	—
2012	—	—
2013	14.1289	—
2014	11.0062	-22.10
2015	15.8949	44.42
2016	4.2863	-73.03
2017	5.2947	23.53

四、赣州市渔业投资

如表 2-27 所示，2011~2017 年赣州市渔业固定资产投资额减少了 0.0279 亿元，增长了 -9.96%。这可能是由于近年来生态执法加强，渔业投资受到一定的影响。投资乏力客观制约了赣州渔业发展，这值得重视。

表 2-27　2011~2017 年赣州市渔业固定资产投资额及其增长率

年份	渔业固定资产投资（亿元）	渔业固定资产投资增长率（%）
2011	0.28	—
2012	—	—
2013	0.74	—
2014	0.85	14.86
2015	1.8905	122.41
2016	0.4692	-75.18
2017	0.2521	-46.27

第五节 赣州市农业发展面临的挑战

虽然赣州市现代农业在近年来有了较快的发展，但由于起点低、基础薄弱同发达国家和国内发展较快的省份相比，还存在较大的差距。总体来说，农业企业规模小、科技含量低、精深加工产品少、原料专用化程度低、产品营销体系不健全等问题限制了赣州市现代农业的发展。

一、企业规模小，龙头企业带动能力不够强

赣州市长期以来以数量扩张为主的粗放型发展方式仍然未得到改变，形成"小、散、低"的格局没有打破，产业集约化、规模化水平低，产品单一，产业链延伸不够。除脐橙产业外，龙头企业偏少，缺少大的市场开拓型、加工型龙头企业，缺少跨县甚至跨省的合作机制，对农民增收带动作用不够强。

二、科技含量低，农产品加工率低

赣州作为农业大市，具备从事农产品生产的丰富原材料，但农产品生产加工科研资金与力量不足，科技创新能力和转化能力差，工艺技术、装备设施条件相对落后于国外发达国家和国内先进省份，目前也没有综合农业科技资源网络服务平台，限制了科技转化，科学研究与产业发展没有很好的沟通桥梁。再者，全市农产品加工停留在初加工阶段，精深加工所占比重小，多层次开发的产品少，资源综合利用程度低，产品加工增值率不高。全市农产品加工总产值与农业总产值的比值为 0.87 ：1，低于全国 1.7 ：1 的平均水平。进入市场的蔬菜绝大部分是未经任何加工，全市蔬菜加工领域基本仍属空白，蔬菜加工率仅为 0.2%，脐橙加工率达 55%，但加工停留在产后采摘、分级包装、保鲜仓储与物流等，精深加工刚开始起步。茶叶初级加工率 100%，缺乏分级等精深加工。

三、农业生产、加工、营销之间脱节，一体化程度低

农产品原料供应、加工和产品营销之间存在一定程度的脱节，原料专用化程度很低。全市多数加工企业缺乏配套的农产品生产基地，本地生产品种和产品质量与加工需求不适应。赣州年产脐橙 80 万吨，属鲜食脐橙，用脐橙作为榨汁原料存在成本高、酸度不够、期限短的限制因素，但国内 95% 的橙汁依靠进口。赣南脐橙产业靠鲜食销售支撑，产业链短，产品附加值低。赣县是年产 7000 吨的全国重要的甜叶菊糖苷生产基地，但没有足够配套原料生产基地，全市甜叶菊年产量 1047 吨，本地供应原料严重不足。

四、标准化实施范围小，农产品质量安全保障体系亟须强化

农业标准化是现代农业的重要标志，是确保农产品质量安全的重要措施。目前赣州农业经营主体大部分是小规模农户和企业，没有形成农业生产产业化、加工企业规模化，农产品较粗糙，存在卫生安全指标超标、超量或违禁使用添加剂、标签标注虚假不规范等问题，严重影响了产品质量和安全，阻碍了农业标准化实施。另外，在全市乃至全国，农产品领域的标准和检测体系尚不完善，各项标准体系在行业或领域间有待进一步的整合，缺乏与国际标准和进口国的认证标准接轨，限制农业标准化的推广。

五、产品营销体系不全，商标知名度不高

农产品缺乏健全的营销体系，目前除脐橙外，其他农产品基本靠企业自主经营、各自为战，缺少政府的统一组织和包装宣传，农产品商标知名度不高，高知名度商标总数少，企业受农产品市场价格波动影响大。

第三章

抚州市农业产业振兴发展

第一节　抚州市农业产业发展势态

抚州位于江西省东部，现有人口 400 万人，总面积 1.88 万平方公里。地形地貌特征以山地、丘陵为主，是典型的农业地区，其中农业人口 290 万，占总人口的 76.3%。耕地面积 334 万亩，水面 132 万亩，林地 1500 万亩，森林覆盖率达 61.5%。抚州属南方湿润多雨亚热带季风气候区，气候湿润，雨量充沛，光热充足，四季分明，是江西省唯一同时享受鄱阳湖生态经济区国家战略、海峡西区国家发展战略、振兴原中央苏区战略等三大国家重大发展战略政策的设区市。

近年来，在中国共产党江西省委员会、江西省人民政府和中国共产党江西省抚州市委员会的坚强领导下，抚州市坚持以习近平同志新时代中国特色社会主义思想为指导，深入贯彻习近平同志视察江西重要讲话精神，坚持用新发展理念指导发展、用生态文明建设统领发展，大胆探索经济发展和生态文明水平提高相辅相成、相得益彰的发展新路，全市经济总量稳步增加，经济结构持续优化，动力活力持续释放，质量效益持续改善。2019 年抚州市农业总产值为 371.11 亿元，按可比价格计算增长 3.1%；农村居民人均可支配收入 16081 元，增长 8.9%。

抚州市以生态文明建设为统领，推进农业标准化优质化建设，构建产业融合发展体系，不断丰富绿色产品，延伸产业链价值链，着力推动农业绿色发展。目前，全市"三品一标"农产品已达 603 个，休闲农业规模经营企业达 445 家，蔬菜瓜果、禽肉禽蛋等持续增长，绿色生态经济、乡村文化旅游等新产业新业态蓬勃兴起。

推进农业标准化、优质化建设。抚州市山清水秀，生态良好，发展绿色生态农业基础扎实。着力加强农田水利基础设施和现代农业示范园建设，大力实施"两特一游"工程，农业稳中调优。目前，抚州市有 26 个农业产业园获评省级现代农业产业园，临川大健康食品产业园、华宸农业蔬菜科技产业园、昌抚牡丹田园综合体、东乡万亩猕猴桃、乐安绿能等一批现代农业项目稳步推进，2018 年开工建设高标准农田 45 万亩，实施土地整治补充耕地面积 1.4 万亩。新增绿色稻米种植基地 27 万亩、总数达 100 万亩，新增蔬菜种植面积 7.2 万亩、总数达 14.7 万亩，新增中药材种植面积 10 万亩、总数达 40 万亩，新增稻鱼综合种养面积 6.1 万亩、总数达 10.3 万亩，基本形成临川花卉苗木、南丰蜜橘、东乡生猪等主要产业群。制定以绿色农产品为主体的地方标准 33 项，建成全国绿色食品原料标准化生产基地 7 个，面积 70 万亩；国家级水产健康养殖示范场 47 家，示范面积 11 万亩；国家级畜禽养殖标准示范场 16 家；国家级蔬菜茶叶水果标准园 13 家。南丰蜜桔、崇仁麻鸡入选 2018 年中国特色农产品优势区。

构建一二三产业融合发展体系，通过多层次、多样性开发，延长产业链、提升价值链。目前，抚州市拥有市级以上农业产业化龙头企业 367 家、农民专业合作社 3771 家，一批产业融合企业加速向互联网农业转型，使优质特色农产品通过线上线下交易，扩大市场覆盖面。南丰以 70 万亩"橘海金波"优势，发展"橘字号"加工企业 40 多家，建设 30 个橘园游景点，同时以"互联网＋"的方式拓展蜜橘产业新商圈，使南丰蜜橘产业年综合产值突破 120 亿元。东乡农村产业融合发展示范园入选全省四个首批国家级示范园之一，南丰县被评为全国农村一二三产业融合发展先导区创建县。

全力推动乡村振兴，加快推进农业农村现代化。2019 年新建高标准农田 46.86 万亩，粮食总产 55 亿斤。加快农业供给侧结构性改革，大力发展"两特一游"产业，发展优质稻 235 万亩、蔬菜 105.6 万亩、果业 148.7 万亩、中药材 42.18 万亩。中国农民丰收节江西活动、全省农业发展大会在抚州市举行。高质量推进秀美乡村建设，基本完成 25 户以上宜居村庄新农村建设任务，东乡区、金溪县、资溪县、南丰县 4 个美丽示范区（县）建设全面推进。建立健全政府监管、企业履约、农民自治"三位一体"农村人居环境长效管护机制，全省农村人居环境整治现场推进会在抚州市召开。加快推进城乡公交一体化工作，东乡区、金溪县、资溪县、崇仁县、高新区实现乡乡通公交，全市 60% 的乡镇开通公交。大力发展村级集体经济，全市年经营性收入 5 万元以上行政村占比提高到 88.18%。

第二节　抚州市农业产业经济指标

一、农业产业增加值

2011~2019 年抚州市农业产业增加值分别为 136.89 亿元、152.00 亿元、163.48 亿元、173.74 亿元、181.82 亿元、197.00 亿元、216.35 亿元、199.28 亿元、215.20 亿元，从 2011 年到 2019 年增加了 78.31 亿元，增长了 57.21%，具体增长规模见图 3-1。由图可以看出，虽然抚州市农业产业增加值在不断增加，但在 2018 年略有减少。

图 3-1　抚州市 2011~2019 年农业产业增加值

二、农业产业增长率

2011~2019 年抚州市农业产业增长率分别为 4.4%、4.6%、4.9%、4.9%、4.1%、4.0%、4.5%、3.1%、3.1%，变化趋势如图 3-2 所示，其中，2011~2013 年呈上升趋势，2013~2014 年保持平稳，2014~2016 年逐年下降，2017 年略有上升，但总体呈现波浪式下降趋势。

图 3-2　2011~2019 年抚州市农业产业增长率

三、三次产业结构

三次产业在国民经济中以一定比例相配合即形成产业结构。如图 3-3 所示，2011~2018 年抚州市第一产业所占比例分别为：18.4%、18.4%、17.4%、16.7%、16.5%、16.3%、16.0%、14.4%，增幅为 -21.7%，第二产业所占比例分别为：53.3%、52.8%、52.0%、51.6%、49.7%、48.8%、43.9%、44.6%，增幅为 -23.1%，第三产业所占比例分别为：28.3%、28.8%、30.6%、31.7%、33.8%、34.9%、40.1%、41.0%，增幅为 57.6%，抚州市第一、第二产业比重逐年下降，第三产业比重逐年上升。2011 年至 2017 年，三次产业结构所占比例：第二产业 > 第三产业 > 第一产业，从 2018 年开始，三次产业结构所占比例为：第三产业 > 第二产业 > 第一产业。

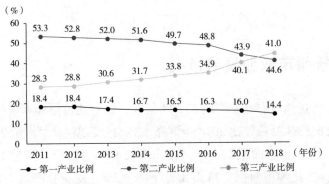

图 3-3　2011~2018 年抚州市三次产业结构变化趋势

四、农林牧渔业总产值

2011~2018 年抚州市的农林牧渔业总产值分别为 2527007 万元、2813438 万元、2947784 万元、3131351 万元、3283167 万元、3604898 万元、3349380 万元、3435320 万元，从 2011 年到 2018 年增加了 908313 万元，增长了 35.94%，具体如表 3-1 所示。

表 3-1　2011~2018 年抚州市农林牧渔业总产值及其增长率

年份	农林牧渔业总产值（万元）	农林牧渔业总产值增长率（%）
2011	2527007	—
2012	2813438	11.33
2013	2947784	4.78
2014	3131351	6.23
2015	3283167	4.85
2016	3604898	9.80
2017	3349380	−7.09
2018	3435320	2.57

第三节　抚州市农业产业细分行业发展情况

一、抚州市农业发展情况

2019 年，抚州市农业总产值 371.11 亿元，按可比价格计算增长 3.1%；粮食种植面积 618.64 万亩，比 2018 年下降 1.3%；实现粮食总产量 274.31 万吨，下降 1.2%；蔬菜播种面积 104.41 万亩，增长 1.3%，蔬菜总产量 154.18 万吨，增长 0.4%；棉花种植面积 2.73 万亩，下降 0.5%，棉花总产量 0.26 万吨，下降 0.3%；油料作物总产量 5.59 万吨，增长 2.6%。全市新增绿色食品、有机认证农产品 27 个，"三品一标"达 630 个，其中：新增绿色食品、有机认证农产品 23 个；新增地理标志农产品 4 个，达 30 个。

选取农业产值、播种面积、产量、增长率等指标进行分析，根据抚州市农业种植特点，以粮食、油料、花生、棉花、甘蔗、烤烟、果园、柑桔、梨、茶叶等农作物为研究对象，对抚州市农业发展情况进行分析。

（一）农业产值

2011~2018 年抚州市的农业产值分别为 1436911 万元、1676169 万元、1781305 万元、1912775 万元、2057548 万元、2258798 万元、2114890 万元、2222750 万元，从 2011 年到 2018 年增加了 785839 万元，增长了 54.69%，具体如表 3-2 所示。

表 3-2　2011~2018 年抚州市农业产值及其增长率

年份	农业总产值（万元）	农业产值增长率（%）
2011	1436911	—
2012	1676169	16.65
2013	1781305	6.27
2014	1912775	7.38
2015	2057548	7.57
2016	2258798	9.78
2017	2114890	-6.37
2018	2222750	5.10

（二）农业产值占农林牧渔业比重

2011~2018 年抚州市农业产值在抚州市农林牧渔业总产值中的比重分别为 56.86%、59.58%、60.43%、61.08%、62.67%、62.66%、63.14%、64.70%，由 2011 年的 56.86% 上升至 2018 年的 64.70%，增幅为 7.84%，具体如表 3-3 所示。

表 3-3　2011~2018 年抚州市农业产值占农林牧渔业总产值的比重

年份	农业总产值（万元）	农林牧渔业总产值（万元）	所占比重（%）
2011	1436911	2527007	56.86
2012	1676169	2813438	59.58
2013	1781305	2947784	60.43
2014	1912775	3131351	61.08

续表

年份	农业总产值（万元）	农林牧渔业总产值（万元）	所占比重（%）
2015	2057548	3283167	62.67
2016	2258798	3604898	62.66
2017	2114890	3349380	63.14
2018	2222750	3435320	64.70

（三）农业产业结构分析

1. 粮食产业

2011~2019 年抚州市的粮食播种面积分别为 406224 公顷、405148 公顷、409200 公顷、407972 公顷、407156 公顷、416927 公顷、435613.3 公顷、418000 公顷、412426.7 公顷，从 2011 年到 2019 年增加了 6202.7 公顷，增长率为 1.53%。2011~2019 年抚州市的粮食产量分别为 2685000 吨、2625046 吨、2861000 吨、2914900 吨、2930700 吨、2966400 吨、3066500 吨、2776700 吨、2743100 吨，从 2011 年到 2019 年增加了 58100 吨，增长率为 2.16%。具体如表 3-4 所示，粮食播种面积与产量呈正相关。

表 3-4 2011~2019 年抚州市的粮食播种面积、产量及其增长率

年份	粮食播种面积（公顷）	粮食播种面积增长率（%）	粮食产量（吨）	粮食产量增长率（%）
2011	406224	—	2685000	—
2012	405148	-0.26	2625046	-2.23
2013	409200	1.00	2861000	8.99
2014	407972	-0.30	2914900	1.88
2015	407156	-0.20	2930700	0.54
2016	416927	2.40	2966400	1.22
2017	435613.3	4.48	3066500	3.37
2018	418000	-4.04	2776700	-9.45
2019	412426.7	-1.33	2743100	-1.21

2. 油料产业

2011~2018 年抚州市的油料播种面积分别为 35685 公顷、30633 公顷、

25906.1 公顷、25870 公顷、26772 公顷、27220 公顷、27073.33 公顷、24600 公顷，从 2011 年到 2018 年减少了 11085 公顷，增长率为 –31.63%。抚州市 2011 年至 2018 年的油料产量分别为 65900 吨、60919 吨、54739 吨、55845 吨、58718 吨、60100 吨、60200 吨、54500 吨，2011~2018 年减少了 11400 吨，增长率为 –17.30%，具体如表 3-5 所示。油料播种面积与产量呈正相关。

表 3-5　2011~2018 年抚州市的油料播种面积、产量及其增长率

年份	油料播种面积（公顷）	油料播种面积增长率（%）	油料产量（吨）	油料产量增长率（%）
2011	35685	—	65900	—
2012	30633	–14.16	60919	–7.56
2013	25906.1	–15.43	54739	–10.14
2014	25870	–0.14	55845	2.02
2015	26772	3.49	58718	5.14
2016	27220	1.67	60100	2.35
2017	27073.33	–0.54	60200	0.17
2018	24600	–9.14	54500	–9.47

2011~2018 抚州市的花生产量分别为 3.3636 万吨、3.5926 万吨、3.6602 万吨、3.6972 万吨、3.8964 万吨、3.9366 万吨、2.8744 万吨、3.4389 万吨，从 2011 年到 2018 年增加了 0.0753 万吨，增长率为 2.24%。2011~2018 年的花生单位面积产量分别为 2635 公斤 / 公顷、2672 公斤 / 公顷、2668.251 公斤 / 公顷、2799 公斤 / 公顷、2796 公斤 / 公顷、2819 公斤 / 公顷、2843 公斤 / 公顷、2952 公斤 / 公顷，从 2011 年到 2018 年增加了 317 公斤 / 公顷，增长率为 12.03%，具体如表 3-6 所示。

表 3-6　2011~2018 年抚州市的花生产量、单位面积产量及其增长率

年份	花生产量（万吨）	花生产量增长率（%）	花生单位面积产量（公斤 / 公顷）	花生单位面积产量增长率（%）
2011	3.3636	—	2635	—
2012	3.5926	6.81	2672	1.40
2013	3.6602	1.88	2668.251	–0.14
2014	3.6972	1.01	2799	4.90

续表

年份	花生产量（万吨）	花生产量增长率（%）	花生单位面积产量（公斤/公顷）	花生单位面积产量增长率（%）
2015	3.8964	5.39	2796	−0.11
2016	3.9366	1.03	2819	0.82
2017	2.8744	−26.98	2843	0.85
2018	3.4389	19.64	2952	3.83

3. 棉花

2011~2018 年抚州市的棉花播种面积分别为 2315 公顷、2128 公顷、2145.5 公顷、2042 公顷、1933 公顷、1896 公顷、1826.667 公顷、1826.667 公顷，从 2011 年到 2018 年减少了 488.333 公顷，增长率为 −21.09%。抚州市 2011 年至 2018 年的棉花产量和棉花单位面积产量如表 3-7 所示，从 2011 年到 2018 年棉花产量减少了 1258 吨，增长率为 −32.61%。从 2011 年到 2018 年棉花单位面积产量减少了 237 公斤/公顷，增长率为 −14.22%。

表 3-7　2011~2018 年抚州市的棉花播种面积、产量、单位面积产量及其增长率

年份	棉花播种面积（公顷）	棉花播种面积增长率（%）	棉花产量（吨）	棉花产量增长率（%）	棉花单位面积产量（公斤/公顷）	棉花单位面积产量增长率（%）
2011	2315	—	3858	—	1667	—
2012	2128	−8.08	3599	−6.71	1691	1.44
2013	2145.5	0.82	3685	2.39	1717.548	1.57
2014	2042	−4.82	3513	−4.67	1720	0.14
2015	1933	−5.34	3065	−12.75	1586	−7.79
2016	1896	−1.91	3122	1.86	1647	3.85
2017	1826.667	−3.66	2600	−16.72	1418	−13.90
2018	1826.667	0.00	2600	0.00	1430	0.85

4. 甘蔗

2011~2018 年抚州市的甘蔗产量分别为 19.7907 万吨、19.0402 万吨、20.1428 万吨、20.0255 万吨、20.9483 万吨、20.1856 万吨、19.17 万吨、18.36

万吨，从 2011 年到 2018 年减少了 1.4307 万吨，增长率为 −7.23%。2011~2018 年的甘蔗单位面积产量分别为 51876 公斤 / 公顷、51252 公斤 / 公顷、52309.45 公斤 / 公顷、52150 公斤 / 公顷、53047 公斤 / 公顷、52011 公斤 / 公顷、55232 公斤 / 公顷、57909 公斤 / 公顷，从 2011 年到 2018 年增加了 6033 公斤 / 公顷，增长率为 11.63%，具体如表 3-8 所示。

表 3-8 2011~2018 年抚州市甘蔗产量、单位面积产量及其增长率

年份	甘蔗产量（万吨）	甘蔗产量增长率（%）	甘蔗单位面积产量（公斤 / 公顷）	甘蔗单位面积产量增长率（%）
2011	19.7907	—	51876	—
2012	19.0402	−3.79	51252	−1.20
2013	20.1428	5.79	52309.45	2.06
2014	20.0255	−0.58	52150	−0.30
2015	20.9483	4.61	53047	1.72
2016	20.1856	−3.64	52011	−1.95
2017	19.17	−5.03	55232	6.19
2018	18.36	−4.23	57909	4.85

5. 烟叶类

2011~2018 年抚州市的烤烟播种面积分别为 7.439 千公顷、7.964 千公顷、7.7664 千公顷、8.349 千公顷、8.176 千公顷、9.93 千公顷、7.358 千公顷、4.232 千公顷，减少了 3.207 千公顷，增长率为 −43.11%。2011~2018 年抚州市的烟叶总产量和烤烟烟叶产量具体如表 3-9 所示，从 2011 年到 2018 年烟叶总产量和烤烟烟叶产量分别减少了 0.7523 万吨和 0.8713 万吨，增长率为 −42.39% 和 −49.58%。烤烟播种面积与产量呈正相关。

表 3-9 2011~2018 年抚州市的烟叶产量、单位面积产量及其增长率

年份	烤烟播种面积（千公顷）	烤烟播种面积增长率（%）	烟叶总产量（万吨）	烟叶总产量增长率（%）	烤烟烟叶产量（万吨）	烤烟烟叶产量增长率（%）
2011	7.439	—	1.7746	—	1.7577	—
2012	7.964	7.06	1.6793	−5.37	1.58	−10.11
2013	7.7664	−2.48	1.7119	1.94	1.5156	−4.08

续表

年份	烤烟播种面积（千公顷）	烤烟播种面积增长率（%）	烟叶总产量（万吨）	烟叶总产量增长率（%）	烤烟烟叶产量（万吨）	烤烟烟叶产量增长率（%）
2014	8.349	7.50	1.8014	5.23	1.7641	16.40
2015	8.176	−2.07	1.6809	−6.69	1.6488	−6.54
2016	9.93	21.45	2.164	28.74	2.1331	29.37
2017	7.358	−25.90	1.6317	−24.60	1.5949	−25.23
2018	4.232	−42.48	1.0223	−37.35	0.8864	−44.42

6. 瓜果类

2011~2018 年抚州市的果园面积分别为 89.562 千公顷、91.267 千公顷、94.373 千公顷、95.345 千公顷、96.407 千公顷、96.469 千公顷、96.114 千公顷、92.085 千公顷，从 2011 年到 2018 年增加了 2.523 千公顷，增长率为 2.82%。其增长率呈"上升—下降"趋势，其中 2016~2018 年逐年下降，具体如表 3-10 所示。

表 3-10　2011~2018 年抚州市的果园面积及其增长率

年份	果园面积（千公顷）	果园面积增长率（%）
2011	89.562	—
2012	91.267	1.90
2013	94.373	3.40
2014	95.345	1.03
2015	96.407	1.11
2016	96.469	0.06
2017	96.114	−0.37
2018	92.085	−4.19

2011~2018 年抚州市的水果产量分别为 1391732 吨、1214037 吨、1609091 吨、1571695 吨、1822113 吨、1556481 吨、1782700 吨、1800400 吨，从 2011 年到 2018 年增加了 408668 吨，增长率为 29.36%。2011~2018 年的柑桔产量分别为 1336162 吨、1154208 吨、1546956 吨、1506800 吨、1754747 吨、

1479353 吨、1701120 吨、1719514 吨，从 2011 年到 2018 年增加了 383352 吨，增长率为 28.69%。2011~2018 年的梨产量分别为 40865 吨、43113 吨、44833 吨、46986 吨、48029 吨、54087 吨、54603 吨、52710 吨，从 2011 年到 2018 年增加了 11845 吨，增长率为 28.99%，具体如表 3-11 所示。

表 3-11　2011~2018 年抚州市的水果产量及其增长率

年份	水果产量（吨）	水果产量增长率（%）	柑桔产量（吨）	柑桔产量增长率（%）	梨产量（吨）	梨产量增长率（%）
2011	1391732	—	1336162	—	40865	—
2012	1214037	−12.77	1154208	−13.62	43113	5.50
2013	1609091	32.54	1546956	34.03	44833	3.99
2014	1571695	−2.32	1506800	−2.60	46986	4.80
2015	1822113	15.93	1754747	16.46	48029	2.22
2016	1556481	−14.58	1479353	−15.69	54087	12.61
2017	1782700	14.53	1701120	14.99	54603	0.95
2018	1800400	0.99	1719514	1.08	52710	−3.47

7. 茶叶

2011~2018 年抚州市的茶园面积分别为 3.841 千公顷、4.215 千公顷、4.245 千公顷、4.255 千公顷、4.321 千公顷、4.29 千公顷、4.623 千公顷、4.43 千公顷，从 2011 年到 2018 年增加了 0.589 万吨，增长率为 15.33%。2011~2019 年抚州市的茶叶产量分别为 2456 吨、2511 吨、2656 吨、2534 吨、2573 吨、2562 吨、2600 吨、2800 吨、2900 吨，从 2011 年到 2019 年增加了 444 吨，增长率为 18.08%，具体如表 3-12 所示。

表 3-12　2011~2019 年抚州市茶园面积、茶叶产量及其增长率

年份	茶园面积（千公顷）	茶园面积增长率（%）	茶叶产量（吨）	茶叶产量增长率(%)
2011	3.841	—	2456	—
2012	4.215	9.74	2511	2.24
2013	4.245	0.71	2656	5.77
2014	4.255	0.24	2534	−4.59
2015	4.321	1.55	2573	1.54

续表

年份	茶园面积 （千公顷）	茶园面积增长 率（%）	茶叶产量（吨）	茶叶产量增长率(%)
2016	4.29	−0.72	2562	−0.43
2017	4.623	7.76	2600	1.48
2018	4.43	−4.17	2800	7.69
2019	—	—	2900	3.57

二、抚州市林业振兴发展

抚州市是全省集体林区改革与发展试验区，自然资源优越，森林资源丰富，社会经济条件较好，林业发展水平较高。

据 2009 年二类调查资料统计，抚州市土地总面积 2822.54 万亩，其中：林地 1945.89 万亩，占土地总面积的 68.9%；非林地 876.65 万亩，占土地总面积的 31.1%。林地中有林地 1628.34 万亩，疏林 49.85 万亩，灌木林地 148.35 万亩，未成林造林地 80.44 万亩，苗圃地（含辅助生产林地）0.40 万亩，无立木林地 18.84 万亩，宜林地 19.67 万亩。有林地面积中，乔木林地 1366.86 万亩，竹林 261.48 万亩。乔木林中纯林 1000.27 万亩，混交林 366.59 万亩。全市森林覆盖率 64.54%。

全市活立木总蓄积 4973 万立方米，其中：乔木林蓄积 4608 万立方米，疏林蓄积 234 万立方米，四旁蓄积 53 万立方米，散生木蓄积 288 万立方米。乔木林蓄积中，纯林蓄积 3048 万立方米，混交林蓄积 1560 万立方米。全市竹林株数为 3.57 亿株。

在林业用地中：全市生态公益林区面积 568.44 万亩，占 28.8%，其中：防护林面积 447.31 万亩，特用林面积 121.13 万亩；商品林区面积 1403.89 万亩，占 71.2%，其中：用材林面积 1263.09 万亩，薪炭林面积 20.09 万亩，经济林面积 120.71 万亩。

该区是生物多样性比较丰富的地区，据不完全统计，全区有木本植物 109 科 322 属 1018 种，其中被列为国家重点保护野生植物 18 种。有两栖类动物 28 种，爬行类动物 42 种，兽类 54 种，鸟类 206 种，其中国家一级、二级保护动物 44 种，省级保护动物 71 种。

该市充分拓展林业生态建设的多种功能，发展林下种植业、养殖业、采集业和森林生态旅游业，拓宽增收富民渠道。全市林地累计流转面积已达364.92万亩，发展新型林业经营主体1011个，林下经济发展经营面积220.94万亩。形成了以金溪县为中心、辐射周边地区，发展以芳樟为主要树种的香精香料产业；以南城、临川、黎川等地为重点的中药材种植产业；以油茶、白茶、香榧、笋竹为重点的森林食品产业；以崇仁、临川为重点的林下麻鸡养殖产业。同时，以自然保护区、森林公园、湿地公园为依托，打造资溪、乐安、南丰、南城4条森林旅游精品线路，培育形成森林生态旅游产业。全市发展黄栀子、金银花、丹参等森林中药材品种30余种，种植面积达17.8万亩。全市现有油茶林总面积60万亩，年产茶油4000吨。全市林下养殖麻鸡规模达2亿羽以上。通过鼓励引导，该市已培育林下经济龙头企业55家，创立无公害、绿色食品、有机食品产品商标70余个。

选取林业产值、面积、森林覆盖率、增长率等指标，根据抚州市林业种植特点，以造林，零星（四旁）植树、自然保护区等为研究对象，对抚州市林业发展情况进行分析。

（一）林业产值

2011~2018年，抚州市的林业产值分别为110468万元、127741万元、136614万元、147456万元、156543万元、229400万元、250091万元、270648万元，从2011年到2018年增加了160180万元，增长了145.00%，具体如表3-13所示。

表3-13　2011~2018年抚州市的林业产值及其增长率

年份	林业产值（万元）	林业产值增长率（%）
2011	110468	—
2012	127741	15.64
2013	136614	6.95
2014	147456	7.94
2015	156543	6.16
2016	229400	46.54
2017	250091	9.02
2018	270648	8.22

（二）林业产值占农林牧渔业比重

2011~2018 年，抚州市林业产值在抚州市农林牧渔业总产值中的比重分别为 4.37%、4.54%、4.63%、4.71%、4.77%、6.36%、7.47%、7.88%，所占比重由 2011 年的 4.37% 上升至 2018 年的 7.88%，增幅为 3.51%，具体如表 3-14 所示。

表 3-14　2011~2018 年抚州市林业产值占农林牧渔业总产值的比重

年份	林业产值（万元）	农林牧渔业总产值（万元）	所占比重（%）
2011	110468	2527007	4.37
2012	127741	2813438	4.54
2013	136614	2947784	4.63
2014	147456	3131351	4.71
2015	156543	3283167	4.77
2016	229400	3604898	6.36
2017	250091	3349380	7.47
2018	270648	3435320	7.88

（三）造林

2011~2016 年，抚州市的造林面积分别为 13.28 千公顷、15.243 千公顷、13.579 千公顷、9.11 千公顷、12.71 千公顷、8.53 千公顷，从 2011 年到 2016 年减少了 4.75 千公顷，增长了 -35.77%。抚州市 2011~2016 年的人工造林面积减少了 2.42 千公顷，增长了 22.10%，具体如表 3-15 所示，造林面积与人工造林面积的增长趋势基本保持一致。

表 3-15　2011~2016 年抚州市的造林面积及其增长率

年份	造林面积（千公顷）	造林面积增长率（%）	人工造林面积（千公顷）	人工造林面积增长率（%）
2011	13.28	—	10.95	—
2012	15.243	14.78	13.543	23.68
2013	13.579	-10.92	11.947	-11.78
2014	9.11	-32.91	9.11	-23.75
2015	12.71	39.52	12.71	39.52
2016	8.53	-32.89	8.53	-32.89

（四）零星（四旁）植树

2011~2016 年，抚州市的零星（四旁）植树分别为 1373.99 万株、1913.04 万株、348.3 万株、927.26 万株、2965 万株、8256 万株，从 2011 年到 2016 年增加了 6882.01 万株，增长了 500.88%，具体如表 3-16 所示。

表 3-16　2011~2016 年抚州市的零星（四旁）植树及其增长率

年份	零星（四旁）植树（万株）	零星（四旁）植树（万株）增长率（%）
2011	1373.99	—
2012	1913.04	39.23
2013	348.3	−81.79
2014	927.26	166.22
2015	2965	219.76
2016	8256	178.45

（五）自然保护区

2011~2016 年，抚州市的自然保护区个数增加了 5 个，增长了 29.41%。自然保护区面积从 2011 年到 2016 年增加了 1.104 万公顷，增长了 8.92%，具体如表 3-17 所示。

表 3-17　2011~2016 年抚州市自然保护区个数、面积及其增长率

年份	自然保护区个数（个）	自然保护区个数增长率（%）	自然保护区面积（万公顷）	自然保护区面积增长率（%）
2011	17	—	12.382	—
2012	26	52.94	14.98	20.98
2013	26	0.00	14.98	0.00
2014	26	0.00	14.962	−0.12
2015	26	0.00	14.212	−5.01
2016	22	−15.38	13.486	−5.11

三、抚州市畜牧业振兴发展

抚州市畜牧业克服了 H7N9 流感、生猪价格长期低迷等不利因素影响，畜产品产量保持稳定增长，全市畜牧业保持了持续稳定发展态势。2019 年肉类

总产量 31.35 万吨，下降 5.1%。其中，猪肉产量 17.85 万吨，下降 17.5%；牛肉产量 0.53 万吨，增长 8.0%；羊肉产量 0.1 万吨，增长 13.8%；禽肉产量 12.85 万吨，增长 22.4%。年末生猪存栏 86.61 万头、下降 36.9%，生猪出栏 214.83 万头、下降 18.3%；年末牛存栏 16.48 万头、下降 0.4%，牛出栏 4.42 万头、增长 7.3%；年末羊存栏 3.39 万头、增长 8.5%，羊出栏 4.63 万头、增长 11.6%；家禽出笼 9497.96 万羽，增长 21.6%。

畜禽生产优势区域初步形成。抚州市基本形成了"四带四基地"的区域养殖特色。"四带"：一是形成以崇仁为中心的抚吉公路沿线崇仁麻鸡养殖带；二是形成以南城为中心的临南公路沿线蛋业生产带；三是形成以东乡为中心的抚临公路沿线外来品种猪养殖带；四是形成以广昌为中心的肉牛养殖带；"四基地"：一是形成以东乡为中心黑羽绿壳蛋鸡生产基地；二是形成以东乡、乐安为中心的赣东花猪养殖基地；三是形成以南丰为中心的朗德鹅及鹅肝加工生产基地；四是形成崇仁、南城、东乡、临川为中心的畜产品和兽药饲料加工基地。

规模化集团化养殖快速发展。抚州市大力推进规模化集团养殖，规模化程度发展较快，集团规模也迅速扩大。另外，本土的洪门、东华、国品等畜牧企业集团发展迅速。

标准化水平不断提高。以"畜禽良种化、养殖设施化、生产规范化、防疫制度化、粪污无害化"为主要内容的畜禽养殖标准化示范创建工作和规模养殖场粪污染治理为核心的畜禽清洁生产行动，大力推进标准化规模养殖场（小区）建设。

产业化组织化水平逐步提升。大力实施龙头带动战略，培育了一批带动力较强的畜牧龙头企业，产业链条不断延伸，畜牧产业化程度不断提高。截至 2015 年底，市级以上龙头企业达 122 家，其中国家级龙头企业 1 家，省级畜牧业龙头企业 24 家，市级畜牧业龙头企业 97 家，销售收入达 80 多亿元。农民专业合作社加快发展，组织化程度提高。全市共发展各类畜牧合作经济组织 200 多个，发展社员 3 万多个，带动农户 10 多万户。

畜牧品牌建设初显成效。随着规模化、产业化和标准化水平的不断提升，抚州市家禽业品牌意识不断增强，为扩大市场销售、提高产品知名度，纷纷开展"三品一标"认证。

畜禽种业水平显著提高。抚州市建有畜禽地方品种原种场 4 个，外来良种原种（一级）猪场 12 个，二级外来良种扩繁场 38 个，蛋鸡、肉鸡、鸭、鹅和鸽二级扩繁场各 1 个。

科技支撑能力不断增强。抚州市建立了国家级家禽产业体系试验基地，在抚州东华种畜禽有限公司建家禽产业院士工作站，推广了相关新技术、新工艺。

选取牧业产值、产量、增长率等指标，根据抚州市畜牧业特点，以肉类、猪肉、禽蛋、奶类等为研究对象，对抚州市畜牧业发展情况进行分析。

（一）牧业产值

2011~2018 年抚州市的牧业产值分别为 729877 万元、778662 万元、755537.5 万元、774131 万元、758684 万元、781400 万元、678246 万元、631069 万元，从 2011 年到 2018 年减少了 98803 万元，增长了 -13.54%，具体如表 3-18 所示。

表 3-18　2011~2018 年抚州市牧业产值及其增长率

年份	牧业产值（万元）	牧业产值增长率（%）
2011	729877	—
2012	778662	6.68
2013	755537.5	-2.97
2014	774131	2.46
2015	758684	-2.00
2016	781400	2.99
2017	678246	-13.20
2018	631069	-6.96

（二）牧业产值占农林牧渔业比重

2011~2018 年抚州市牧业产值在抚州市农林牧渔业总产值中所占的比重分别为 28.88%、27.68%、25.63%、24.72%、23.11%、21.68%、20.25%、18.37%，比重由 2011 年的 28.88% 下降至 2018 年的 18.37%，增幅为 -10.51%，具体如表 3-19 所示。

表 3-19　2011~2018 年抚州市牧业产值占农林牧渔业总产值的比重

年份	牧业产值（万元）	农林牧渔业总产值（万元）	所占比重（%）
2011	729877	2527007	28.88
2012	778662	2813438	27.68

续表

年份	牧业产值（万元）	农林牧渔业总产值（万元）	所占比重（%）
2013	755537.5	2947784	25.63
2014	774131	3131351	24.72
2015	758684	3283167	23.11
2016	781400	3604898	21.68
2017	678246	3349380	20.25
2018	631069	3435320	18.37

（三）肉类总产量

2011~2019 年抚州市的肉类总产量减少了 34700 吨，增长了 10.97%，猪肉产量从 2011 年到 2019 年减少了 38383 吨，增长了 –17.70%。猪肉产量趋势与肉类总产量趋势基本保持一致，说明猪肉在肉类中占比较大，从 2018 年开始，猪肉产量急剧减少，说明抚州市猪肉市场受猪瘟影响较大，具体如表 3-20 所示。

表 3-20 2011~2019 年抚州市肉类总产量及其增长率情况

年份	肉类总产量（吨）	肉类总产量增长率（%）	猪肉产量（吨）	猪肉产量增长率（%）
2011	316300	—	216883	—
2012	319397	0.98	218710	0.84
2013	325841	2.02	223645	2.26
2014	336103	3.15	230033	2.86
2015	344817	2.59	233003	1.29
2016	348400	1.04	225856	–3.07
2017	351000	0.75	226700	0.37
2018	—	—	214700	–5.29
2019	—	—	178500	–16.86

四、抚州市渔业振兴发展

2019 年，抚州市水产品产量 16.73 万吨，增长 2.4%。全市有水产健康养殖示范场 47 家，无公害水产品 43 个，绿色有机水产品 19 个，南丰县成功创建农业农村部水产健康养殖示范县。

选取渔业产值、水产品产量、水产品养殖面积、增长率等指标，对抚州市畜牧业发展情况进行分析。

（一）渔业产值

2011~2018 年，抚州市的渔业产值分别为 206742 万元、230866 万元、274327.2 万元、296989 万元、310392 万元、335300 万元、306153 万元、310853 万元，从 2011 年到 2018 年增加了 104111 万元，增长了 50.36%，具体如表 3-21 所示。

表 3-21　2011~2018 年抚州市渔业产值及其增长率

年份	渔业产值（万元）	渔业产值增长率（%）
2011	206742	—
2012	230866	11.67
2013	274327.2	18.83
2014	296989	8.26
2015	310392	4.51
2016	335300	8.02
2017	306153	-8.69
2018	310853	1.54

（二）渔业产值占农林牧渔业比重

2011~2018 年，抚州市的渔业产值在抚州市农林牧渔业总产值中所占比重分别为 8.18%、8.21%、9.31%、9.48%、9.45%、9.30%、9.14%、9.05%，比重由 2011 年的 8.18% 上升至 2018 年的 9.05%，增幅为 0.87%，具体如表 3-22 所示。

表 3-22　2011~2018 年抚州市渔业产值占农林牧渔业总产值的比重

年份	渔业产值（万元）	农林牧渔业总产值（万元）	所占比重（%）
2011	206742	2527007	8.18
2012	230866	2813438	8.21
2013	274327.2	2947784	9.31

续表

年份	渔业产值（万元）	农林牧渔业总产值（万元）	所占比重（%）
2014	296989	3131351	9.48
2015	310392	3283167	9.45
2016	335300	3604898	9.30
2017	306153	3349380	9.14
2018	310853	3435320	9.05

（三）产量

2011~2019年，抚州市的水产品产量分别为188523吨、164800吨、168000吨、175719吨、182199吨、196500吨、199800吨、163400吨、167300吨，从2011年到2019年减少了21223吨，增长了–11.26%，具体如表3-23所示。

表3-23   2011~2019年抚州市水产品产量及其增长率

年份	水产品产量（吨）	水产品产量增长率（%）
2011	188523	—
2012	164800	–12.58
2013	168000	1.94
2014	175719	4.59
2015	182199	3.69
2016	196500	7.85
2017	199800	1.68
2018	163400	–18.22
2019	167300	2.39

（四）养殖面积

2011~2018年抚州市水产养殖面积分别为37.867千公顷、39.0733千公顷、39.413千公顷、39.733千公顷、40千公顷、40.113千公顷、37.886千公顷、79.56千公顷，从2011年到2018年增加了41.693千公顷，增长了110.10%，具体如表3-24所示。

表 3-24 2011~2018 年抚州市水产养殖面积及其增长率

年份	水产养殖面积（千公顷）	水产养殖面积增长率（%）
2011	37.867	—
2012	39.0733	3.19
2013	39.413	0.87
2014	39.733	0.81
2015	40	0.67
2016	40.113	0.28
2017	37.886	−5.55
2018	79.56	110.00

第四节 抚州市农业产业细分行业投资情况

除了通过农业产业增加值、增长率、农林牧渔业总产值来说明抚州市农业产业的基本情况外，还通过 2011~2017 年抚州市农业产业固定资产投资及其细分行业固定资产投资情况反映抚州市农业产业发展情况。

2011~2017 年抚州市农业产业固定资产投资额分别为 32.057 亿元、35.8317 亿元、30.6736 亿元、32.9327 亿元、43.5572 亿元、77.361 亿元、63.2426 亿元，从 2011 年到 2017 年增加了 31.1856 亿元，增长了 97.28%，具体如表 3-25 所示。

表 3-25 2011~2017 年抚州市农业产业固定资产投资额及其增长率

年份	农业产业固定资产投资额（亿元）	农业产业固定资产投资增长率（%）
2011	32.057	—
2012	35.8317	11.77
2013	30.6736	−14.40
2014	32.9327	7.36
2015	43.5572	32.26

续表

年份	农业产业固定资产 投资额（亿元）	农业产业固定资产投资 增长率（%）
2016	77.361	77.61
2017	63.2426	−18.25

一、抚州市农业投资情况

2011~2017 年抚州市的农业固定资产投资额分别为 9.0354 亿元、11.7954 亿元、10.4576 亿元、12.2312 亿元、18.9977 亿元、40.8872 亿元、28.031 亿元，从 2011 年到 2017 年增加了 18.9956 亿元，增长了 210.24%，具体如表 3–26 所示。

表 3–26   2011~2017 年抚州市农业固定资产投资额及其增长率

年份	农业固定资产投资额（亿元）	农业固定资产投资额增长率 （%）
2011	9.0354	—
2012	11.7954	30.55
2013	10.4576	−11.34
2014	12.2312	16.96
2015	18.9977	55.32
2016	40.8872	115.22
2017	28.031	−31.44

二、抚州市林业投资情况

2011~2017 年抚州市的林业固定资产投资额分别为 0.6256 亿元、6.4787 亿元、4.5661 亿元、6.0697 亿元、9.046 亿元、12.776 亿元、12.8715 亿元，从 2011 年到 2017 年增加了 12.2459 亿元，增长了 1957.46%，具体如表 3–27 所示。

表 3–27   2011~2017 年抚州市林业固定资产投资额及其增长率

年份	林业固定资产投资额（亿元）	林业固定资产投资额增长率（%）
2011	0.6256	—
2012	6.4787	935.60

年份	林业固定资产投资额（亿元）	林业固定资产投资额增长率（%）
2013	4.5661	−29.52
2014	6.0697	32.93
2015	9.046	49.04
2016	12.776	41.23
2017	12.8715	0.75

三、抚州市畜牧业投资情况

2011~2017 年抚州市的畜牧业固定资产投资额分别为 19.5929 亿元、14.0936 亿元、13.1545 亿元、11.5619 亿元、12.8486 亿元、17.547 亿元、19.0114 亿元，从 2011 年到 2017 年减少了 0.5815 亿元，增长了 −2.97%，具体如表 3-28 所示。

表 3-28　2011~2017 年抚州市畜牧业固定资产投资额及其增长率

年份	牧业固定资产投资额	牧业固定资产投资额增长率（%）
2011	19.5929	—
2012	14.0936	−28.07
2013	13.1545	−6.66
2014	11.5619	−12.11
2015	12.8486	11.13
2016	17.547	36.57
2017	19.0114	8.35

四、抚州市渔业投资情况

2011~2017 年抚州市的渔业固定资产投资额分别为 2.8031 亿元、3.464 亿元、2.4954 亿元、3.0699 亿元、2.6649 亿元、6.1508 亿元、3.3287 亿元，从 2011 年到 2017 年增加了 0.5256 亿元，增长了 18.75%，具体如表 3-29 所示。

表 3-29　2011~2017 年抚州市渔业固定资产投资额及其增长率

年份	渔业固定资产投资额（亿元）	渔业固定资产投资额增长率（%）
2011	2.8031	—
2012	3.464	23.58
2013	2.4954	−27.96
2014	3.0699	23.02
2015	2.6649	−13.19
2016	6.1508	130.81
2017	3.3287	−45.88

第五节　抚州市农业产业发展面临的挑战

一、抚州市种植业发展面临的挑战

（一）种植业基础设施比较薄弱，种粮效益偏低

抚州市近年来虽然不断加大了农田水利基础设施的建设力度，但农田水利设施、沟渠路设施配套建设仍然滞后，整体抗灾功能、抵御自然灾害的能力仍然不强，制约现代农业进一步发展。如 2020 年"上涝下旱"，造成农业减产减收，农业发展依赖"靠天吃饭"现状没有改变。当前种粮生产成本逐步上升，且稻谷收购价格不理想，种粮整体效益较低，农户种粮意愿下降。

（二）植物疫病防控形势偏紧

全市水稻、柑桔黄龙病与草地贪夜蛾等病虫害防控形势依然严峻。

（三）疫情对粮食发展产生一定影响

一是春耕备耕压力大。受疫情的影响，首先，部分农资企业尚没有复工复产。农资企业因工人、技术人员不能及时到位，部分农资企业尚没有复工复产。其次，农资到村到店难。一些地方农村防疫搞"一刀切"，封村堵路，导致种子、化肥、农药等农资供应难以进店、进村。最后，正常的农事活动受到

影响。当前农业用工难、用工贵问题也比较突出，影响了一些规模经营主体的正常农事活动。

二是大宗农产品滞销。春节前后是水果、蔬菜等农产品的销售旺季。由于疫情的暴发，大部分餐饮、酒店和企业停业，种养户失去重要销售渠道。同时加上交通管制，存在农产品"运不出"现象，造成农副产品"滞销"。如乐安县绿巨人农业科技有限公司西红柿、辣椒等蔬菜出现销售困难；全市南丰蜜桔产业受疫情影响导致上亿斤蜜桔滞销，种植农户损失较大。

三是粮食产业发展受影响。农业龙头企业困难大。当前抚州市农业龙头企业普遍存在开工不足、用工难、资金压力大、原材料采购及产品流通困难等问题。农业企业产品滞销，导致流动资金严重不足，影响企业正常运营。

四是高标准农田建设进度受影响。因受疫情影响，全市高标准农田建设存在复工难、施工材料紧缺、专业人员不足等问题，影响施工进度。抚州市进入梅雨季节后，高标准农田建设项目施工难度增大。

二、抚州市林业发展面临的挑战

一是森林质量不够高，单位面积森林蓄积量低；二是生态产业相对落后，林业产业总量不大，产业集群不发达，资源优势没有变成经济优势；三是营造林任务虽全面完成，但也存在绿色有余，彩色不足的问题；四是一些地方森林资源保护主体责任落实不到位，破坏森林资源违法犯罪行为时有发生。主要表现在非法使用林地问题严重，林木采伐管理不到位等方面。

三、抚州市畜牧业发展面临的挑战

（一）生产方式落后

近十多年来，规模养殖取得了长足进步，但整体上畜禽养殖规模仍然偏小、生产过于分散。美国有 6 万多个养猪场，年出栏生猪 1.2 亿头；中国有 6000 万个养猪场户，出栏生猪 7 亿头；江西省有 80 多万个养猪场户，出栏生猪仅 3300 多万头；抚州市有 12 多万个养猪场户，出栏生猪仅 300 万头。畜牧业的科技水平不高。以每头母猪年提供商品猪数量为例，相对发达国家在 20 头以上，江西在 16 头左右，抚州在 16 头左右。畜牧业组织化程度、产业化水平均较低。

（二）"三大压力"困扰

动物卫生、畜产品安全、生态环境，对畜牧业发展提出了更高更严的要求。当前养殖户安全意识淡薄，基础设施简陋，防疫等相关制度不健全，动物疫病、病死畜禽无害化处理、有毒有害物质非法添加、兽药残留，特别是畜禽规模养殖污染等问题，始终困扰着抚州市畜牧业的发展。

（三）国际市场冲击

随着新一轮自贸区的建立和零关税的实施，北美、南美、大洋洲、欧盟等地区的一些国家增加对我国的畜产品出口，对我国的畜牧业生产造成不小影响。特别是江西畜禽养殖饲料和畜产品"两头在外"，受到成本"地板"和价格"天花板"的双重挤压，畜禽养殖成本较高，缺乏市场竞争力。

（四）保障能力不足

抚州市畜牧兽医体制改革以后，机构队伍仍然不健全，特别是基层，事多人少、人员老化、素质不高、待遇偏低。产业发展投入不足、基层工作经费严重不足、技术人员缺乏，严重制约抚州市畜牧产业发展。

（五）疫情对养殖业发展产生的影响

一是养殖业自身存在生产隐患。禽流感的不定期暴发对养殖业一直是致命威胁。一旦忽视对家禽家畜的无害化处理，则可能会引起新的动物疫情暴发。

二是饲料供给渠道不畅。受乡村地区道路管制的影响，饲料供给渠道不畅，造成养殖户饲料供给短缺。

三是畜禽产品出现滞销。疫情期间全市农贸市场、农产品批发市场关闭活禽交易，造成家禽农产品滞销。

四、抚州市渔业发展面临的挑战

（一）养殖品种结构调优缓慢

养殖品种结构调优是抚州市渔业工作的重点，近年来，省市县对特色水产养殖业缺少相应扶持政策的影响，特色水产品产量比重不足四成，产业发展规模徘徊不前。

（二）大水面养殖与水域生态环境保护的矛盾

自 2013 年起，省市县各级政府陆续出台了《关于水库水质污染专项整治的实施意见》，要求小（2）型以上水库将退出人工水产养殖，抚州市有十万亩养殖水退出渔业生产，预计全市水产品产量减产数万吨。

（三）新型渔业经营主体与现代渔业产业发展迟缓

抚州市渔产品加工缺乏大"龙头"、大"品牌"带动，转化增值不快，全市缺乏有带动力的"大企业""大合作社""大农场"，渔业生产组织化程度不高。

（四）水产推广体系建设不完善

各级水产推广机构普遍存在人员缺乏、专项经费缺乏，工作手段落后，致使影响正常水产技术推广工作的开展。

（五）水产品质量安全监管体系不健全

抚州市基层水产品质量安全监管体系是依托基层水产站建设且相当不健全，水产质量安全源头监管缺乏必要的手段。

第四章

吉安市农业产业振兴发展

第一节　吉安市农业发展势态

　　吉安市位于江西省中西部，是举世闻名的革命摇篮井冈山所在地，地形以山地、丘陵为主，东、南、西三面环山，北为赣抚平原，中间为吉泰盆地。吉安先后获中国优秀旅游城市、全国双拥模范城市、国家森林城市、国家园林城市、全国绿化模范城市、全国电子信息产业科技兴贸创新城市、全国新型工业化（电子信息）产业示范基地城市、外商投资最佳城市、全国文明城市提名城市、国家卫生城市、省级文明城市、省级卫生城市、江西省首届生态宜居城市等荣誉称号。

　　近年来，在中国共产党江西省委员会、江西省人民政府和中国共产党吉安市委员会的坚强领导下，吉安市深入学习贯彻习近平同志新时代中国特色社会主义思想和党的十九大精神，从更高层次贯彻落实习近平同志对江西工作的重要要求，践行"创新引领、改革攻坚、开放提升、绿色崛起、担当实干、兴赣富民"工作方针，推进"三个走在前列""两大战略任务"，统筹做好稳增长、促改革、调结构、优生态、惠民生、防风险各项工作。2019 年吉安市实现农林牧渔业总产值 415.99 亿元，增长 3.3%，农村居民人均可支配收入为 15227 元，增长 10.2%，增幅位居全省前列。2019 年空气 PM2.5 平均浓度降至 34 微克 / 立方米、首次达到国家二级标准，空气优良天数比例为 91%，29 个监测断面水质全部达到 II 类标准以上，全市公众生态环境满意度达 90%、居全省第一。

　　现代农业加快发展，2019 年高标准农田规模已达 242 万亩，粮食产量连续8年稳定在40亿千克以上，稻渔（虾）综合种养面积达6.5万亩，加大生猪、蔬菜等重要农产品保供稳价力度，新增六大富民产业40.5万亩，新增地理标志农产品20个；井冈山农业科技园"一城三区"布局全面拉开，国家红壤改良研究中心成功落户。

推动农业产业稳产增效。扛稳粮食安全重任大旗，开工建设高标准农田36万亩，完成耕地抛荒整治，落实最低收购价等奖补政策，加强病虫害、干旱洪涝等防灾减灾工作，确保粮食播种面积与产量稳中有增，巩固吉安市在全省的粮食主产区地位。实施生猪复产增养行动，完成23个生猪生态循环养殖小区建设，促进屠宰加工、冷链配送一体化，健全动物防疫体系，生猪产能基本恢复正常水平。推进井冈蜜柚"6611"工程和井冈蜜桔三年计划，建设标准园、提升低产园，打造"一桔一柚"果业品牌，年内新增六大富民产业种植面积54万亩；实施蔬菜大品种战略，设立专项资金、组建产业联盟，新增种植面积1.8万亩；发展农产品加工业，促进一二三产业融合发展。

第二节 吉安市农业产业经济指标

一、农业产业增加值

2011~2019年吉安市的农业产业增加值分别为169.85亿元、180.73亿元、197.11亿元、208.48亿元、217.40亿元、233.21亿元、242.95亿元、207.99亿元、214.34亿元，从2011年到2019年增加了44.49亿元，增长了26.19%，具体增长规模见图4-1。由图可以看出，吉安市农业产业增加值在不断增加，但在2018年略有减少。

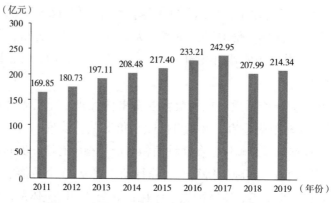

图 4-1　2011~2019 年吉安市农业产业增加值

二、农业产业增长率

2011~2019 年吉安市的农业产业增加值增长率分别为 4.3%、4.7%、5.1%、5.4%、4.2%、4.3%、4.8%、3.7%、3.2%。如图 4-2 所示，总体呈现波浪式下降趋势。其中，2011~2014 年呈上升趋势，2014~2015 年呈下降趋势，2015~2017 年逐年上升，2017~2019 年逐年下降。

图 4-2　2011~2019 年抚州市农业产业增长率

三、三次产业结构

三次产业在国民经济中以一定比例相配合即形成产业结构。2011~2018 年吉安市第一产业所占比例分别为 19.32%、17.96%、17.54%、16.80%、16.37%、16.00%、14.90%、11.90%，增幅为 -7.42%；2011~2018 年第二产业所占比例分别为 53.02%、51.72%、51.22%、51.10%、49.48%、48.50%、44.50%、45.40%，增幅为 -7.62%；2011~2018 年第三产业所占比例分别为 27.66%、30.32%、31.24%、32.10%、34.15%、35.50%、40.60%、42.70%，增幅为 15.04%，2011~2018 年吉安市三次产业结构变化趋势如图 4-3 所示，从图中可以看出第一产业比重逐年下降，第三产业比重逐年上升，第二产业比重逐年下降。三次产业结构所占比例始终为第二产业 > 第三产业 > 第一产业，但未来几年，第三产业有超过第二产业的趋势。

图 4-3 2011~2018 年吉安市三次产业结构变化趋势

四、农林牧渔业总产值

2011~2019 年吉安市的农林牧渔业总产值分别为 2801917 万元、3043268 万元、3315435 万元、3504040 万元、3647085 万元、4311560 万元、4101900 万元、3828000 万元、4159900 万元，从 2011 年到 2019 年增加了 1357983 万元，增长了 48.47%，具体如表 4-1 所示。

表 4-1 2011~2019 年吉安市农林牧渔业总产值及增长率

年份	农林牧渔业总产值（万元）	农林牧渔业总产值增长率（%）
2011	2801917	—
2012	3043268	8.61
2013	3315435	8.94
2014	3504040	5.69

续表

年份	农林牧渔业总产值（万元）	农林牧渔业总产值增长率（%）
2015	3647085	4.08
2016	4311560	18.22
2017	4101900	−4.86
2018	3828000	−6.68
2019	4159900	8.67

第三节　吉安市农业细分行业振兴发展

一、吉安市种植业发展情况

选取种植业产值、播种面积、产量、增长率等指标进行分析，根据吉安市农业种植特点，以粮食、油料、花生、棉花、甘蔗、烤烟、果园、柑桔、甘蔗、梨、茶叶等农作物为研究对象，对吉安市种植业发展情况进行分析。

（一）种植业产值

2011~2018 年吉安市的农业产值分别为 1339645 万元、1523094 万元、1649938 万元、1764033 万元、1869891 万元、2022960 万元、2233628 万元、2014331 万元，从 2011 年到 2018 年增加了 674684 万元，增长了 50.36%，具体如表 4-2 所示。

表 4-2　2011~2018 年吉安市农业总产值及增长率情况

年份	农业总产值（万元）	农业总产值增长率（%）
2011	1339645	—
2012	1523094	13.69
2013	1649938	8.33
2014	1764033	6.92

年份	农业总产值（万元）	农业总产值增长率（%）
2015	1869891	6.00
2016	2022960	8.19
2017	2233628	10.41
2018	2014331	−9.82

（二）种植业总产值占农林牧渔业比重

2011~2018 年吉安市的农业产值在吉安市农林牧渔业总产值中的所占比重分别为 47.81%、50.05%、49.77%、50.34%、51.27%、46.92%、54.45%、52.62%，增幅为 4.81%，具体见表 4-3。

表 4-3　2011~2018 年吉安市种植业总产值占农林牧渔业总产值的比重

年份	种植业总产值（万元）	农林牧渔业总产值（万元）	所占比重（%）
2011	1339645	2801917	47.81
2012	1523094	3043268	50.05
2013	1649938	3315434.75	49.77
2014	1764033	3504040	50.34
2015	1869891	3647085	51.27
2016	2022960	4311560	46.92
2017	2233628	4101900	54.45
2018	2014331	3828000	52.62

（三）种植业结构分析

1. 粮食产业

2011~2019 年吉安市的粮食产量分别为 385.6 万吨、400.3 万吨、411.97 万吨、421.3 万吨、423.45 万吨、423.76 万吨、423.67 万吨、424.09 万吨、418.82 万吨，从 2011 年到 2019 年增加了 33.22 万吨，增长率为 8.62%，具体如表 4-4 所示。

表 4-4　2011~2019 年吉安市的粮食播种产量及其增长率

年份	粮食产量（万吨）	粮食产量增长率（%）
2011	385.6	—
2012	400.3	3.81
2013	411.97	2.92
2014	421.3	2.26
2015	423.45	0.51
2016	423.76	0.07
2017	423.67	−0.02
2018	424.09	0.10
2019	418.82	−1.24

2. 油料产业

2011~2018 年吉安市的油料播种面积分别为 141.728 千公顷、142.001 千公顷、138.194 千公顷、138.109 千公顷、137.122 千公顷、137.840 千公顷、117.349 千公顷、116.123 千公顷，从 2011 年到 2018 年减少了 25.605 千公顷，增长率为 −18.07%。2011~2018 年吉安市的油料产量为 16.6436 万吨、17.1656 万吨、17.7896 万吨、18.5652 万吨、18.8178 万吨、18.8900 万吨、18.5300 万吨、16.9800 万吨，从 2011 年到 2018 年增加了 0.3364 万吨，增长率为 2.02%，具体如表 4-5 所示。

表 4-5　2011~2019 年吉安市的油料播种面积、产量及其增长率情况

年份	油料播种面积（千公顷）	油料播种面积增长率（%）	油料产量（万吨）	油料产量增长率（%）
2011	141.728	—	16.6436	—
2012	142.001	0.19	17.1656	3.14
2013	138.194	−2.68	17.7896	3.64
2014	138.109	−0.06	18.5652	4.36
2015	137.122	−0.71	18.8178	1.36
2016	137.840	0.52	18.8900	0.38
2017	117.349	−14.87	18.5300	−1.91

年份	油料播种面积（千公顷）	油料播种面积增长率（%）	油料产量（万吨）	油料产量增长率（%）
2018	116.123	−1.04	16.9800	−8.36
2019	—	—	17.2400	1.53

2011~2018 年吉安市的花生产量分别为 5.0934 万吨、5.6107 万吨、5.7017 万吨、5.9722 万吨、6.2104 万吨、6.2618 万吨、6.567 万吨、6.5316 万吨，从 2011 年到 2018 年增加了 1.4382 万吨，增长率为 28.24%。2011~2018 年吉安市的花生单位面积产量分别为 2327 公斤 / 公顷、2348 公斤 / 公顷、2330.459 公斤 / 公顷、2428 公斤 / 公顷、2513 公斤 / 公顷、2515 公斤 / 公顷、2623 公斤 / 公顷、2618 公斤 / 公顷，从 2011 年到 2018 年增加了 291 公斤 / 公顷，增长率为 12.51%，具体如表 4-6 所示。

表 4-6　2011~2018 年吉安市的花生产量、单位面积产量及其增长率

年份	花生产量（万吨）	花生产量增长率（%）	花生单位面积产量（公斤 / 公顷）	花生单位面积产量增长率（%）
2011	5.0934	—	2327	—
2012	5.6107	10.16	2348	0.90
2013	5.7017	1.62	2330.459	−0.75
2014	5.9722	4.74	2428	4.19
2015	6.2104	3.99	2513	3.50
2016	6.2618	0.83	2515	0.08
2017	6.567	4.87	2623	4.29
2018	6.5316	−0.54	2618	−0.19

3. 棉花

2011~2018 年吉安市的棉花播种面积分别为 164 公顷、190 公顷、176 公顷、160 公顷、145 公顷、145 公顷、154 公顷、168 公顷，从 2011 年到 2018 年增加了 4 公顷，增长率为 2.44%。2011~2018 年吉安市的棉花产量和棉花单位面积产量具体如表 4-7 所示，从 2011 年到 2018 年棉花产量增加了 15 吨，增长率为 5.64%。从 2011 年到 2018 年棉花单位面积产量增加了 51 公斤 / 公顷，增

长率为 3.14%。

表 4-7 2011~2018 年吉安市的棉花播种面积、产量、单位面积产量及其增长率

年份	棉花播种面积（公顷）	棉花播种面积增长率（%）	棉花产量（吨）	棉花产量增长率（%）	棉花单位面积产量（公斤/公顷）	棉花单位面积产量增长率（%）
2011	164	—	266	—	1622	—
2012	190	15.85	319	19.92	1679	3.51
2013	176	−7.37	257	−19.44	1460.227	−13.03
2014	160	−9.09	270	5.06	1688	15.60
2015	145	−9.38	238	−11.85	1641	−2.78
2016	145	0.00	228	−4.20	1572	−4.20
2017	154	6.21	257	12.72	1669	6.17
2018	168	9.09	281	9.34	1673	0.24

4. 甘蔗

2011~2018 年吉安市的甘蔗产量分别为 5.3181 万吨、5.0555 万吨、4.7904 万吨、4.9237 万吨、5.1636 万吨、5.0615 万吨、5.0595 万吨、4.7743 万吨，从 2011 年到 2018 年减少了 0.5438 万吨，增长率为 −10.23%。2011~2018 年的甘蔗单位面积产量分别为 47146 公斤/公顷、48378 公斤/公顷、47760.72 公斤/公顷、47849 公斤/公顷、49037 公斤/公顷、49236 公斤/公顷、49361 公斤/公顷、47648 公斤/公顷，从 2011 年到 2018 年增加了 502 公斤/公顷，增长率为 1.06%，具体如表 4-8 所示。

表 4-8 2011~2018 年吉安市甘蔗产量、单位面积产量及其增长率

年份	甘蔗产量（万吨）	甘蔗产量增长率（%）	甘蔗单位面积产量（公斤/公顷）	甘蔗单位面积产量增长率（%）
2011	5.3181	—	47146	—
2012	5.0555	−4.94	48378	2.61
2013	4.7904	−5.24	47760.72	−1.28
2014	4.9237	2.78	47849	0.18
2015	5.1636	4.87	49037	2.48
2016	5.0615	−1.98	49236	0.41

年份	甘蔗产量（万吨）	甘蔗产量增长率（%）	甘蔗单位面积产量（公斤/公顷）	甘蔗单位面积产量增长率（%）
2017	5.0595	-0.04	49361	0.25
2018	4.7743	-5.64	47648	-3.47

5. 烟叶类

2011~2018 年吉安市的烤烟播种面积分别为 3.675 千公顷、5.446 千公顷、5.371 千公顷、7.643 千公顷、7.655 千公顷、8.058 千公顷、6.338 千公顷、3.451 千公顷，从 2011 年到 2018 年减少了 0.224 千公顷，增长率为 -6.10%。2011~2018 年吉安市的烟叶总产量和烤烟烟叶产量具体如表 4-9 所示，从 2011 年到 2018 年烟叶总产量和烤烟烟叶产量分别减少了 0.1294 万吨和 0.1336 万吨，增长率为 -15.78% 和 -16.42%。烤烟播种面积与产量呈正相关。

表 4-9　2011~2018 年吉安市的烟叶产量、单位面积产量及其增长率情况

年份	烤烟播种面积（千公顷）	烤烟播种面积增长率（%）	烟叶总产量（万吨）	烟叶总产量增长率（%）	烤烟烟叶产量（万吨）	烤烟烟叶产量增长率（%）
2011	3.675	—	0.8199	—	0.8137	—
2012	5.446	48.19	1.3762	67.85	1.3693	68.28
2013	5.371	-1.38	1.1947	-13.19	1.1865	-13.35
2014	7.643	42.30	1.7012	42.40	1.6923	42.63
2015	7.655	0.16	1.5513	-8.81	1.54	-9.00
2016	8.058	5.26	1.7302	11.53	1.6225	5.36
2017	6.338	-21.35	1.3797	-20.26	1.3684	-15.66
2018	3.451	-45.55	0.6905	-49.95	0.6801	-50.30

6. 瓜果类

2011~2018 年吉安市的果园面积分别为 36.507 千公顷、39.574 千公顷、45.046 千公顷、50.999 千公顷、53.296 千公顷、57.259 千公顷、59.160 千公顷、59.708 千公顷，从 2011 年到 2018 年增加了 23.201 千公顷，增长率为 63.55%，具体如表 4-10 所示。

表 4-10　2011~2018 年吉安市的果园面积及其增长率

年份	果园面积（千公顷）	果园面积增长率（%）
2011	36.507	—
2012	39.574	8.40
2013	45.046	13.83
2014	50.999	13.22
2015	53.296	4.50
2016	57.259	7.44
2017	59.160	3.32
2018	59.708	0.93

　　2011~2019 年吉安市的水果产量分别为 31.3299 万吨、34.0955 万吨、38.4209 万吨、41.2641 万吨、44.58320 万吨、48.2338 万吨、57.3700 万吨、59.8900 万吨、61.0700 万吨，从 2011 年到 2019 年增加了 29.7401 万吨，增长率为 94.93%。柑桔产量从 2011 年到 2018 年增加了 21.4958 万吨，增长率为 74.55%。梨产量从 2011 年到 2018 年增加了 1.0741 万吨，增长率为 120.71%，具体如表 4-11 所示。

表 4-11　2011~2019 年吉安市的水果产量及其增长率

年份	水果产量（万吨）	水果产量增长率（%）	柑桔产量（万吨）	柑桔产量增长率（%）	梨产量（万吨）	梨产量增长率（%）
2011	31.3299	—	28.8335	—	0.8898	—
2012	34.0955	8.83	31.0946	7.84	0.9629	8.22
2013	38.4209	12.69	35.3301	13.62	0.9238	-4.06
2014	41.2641	7.40	37.5578	6.31	1.0030	8.57
2015	44.5832	8.04	40.5264	7.90	1.0185	1.55
2016	48.2338	8.19	42.0048	3.65	1.7379	70.63
2017	57.3700	18.94	50.0109	19.06	1.8674	7.45
2018	59.8900	4.39	50.3293	0.64	1.9639	5.17
2019	61.0700	1.97	—	—	—	—

7. 茶叶

2011~2018 年吉安市的茶园面积分别为 6.645 千公顷、8.684 千公顷、12.827 千公顷、14.685 千公顷、16.509 千公顷、17.032 千公顷、17.871 千公顷、17.768 千公顷，从 2011 年到 2018 年增加了 11.123 千公顷，增长率为 167.39%。2011~2018 年吉安市的茶叶产量分别为 2177 吨、2419 吨、3843 吨、4663 吨、5812 吨、6674 吨、6914 吨、7100 吨，从 2011 年到 2018 年增加了 4923 吨，增长率为 226.14%，具体如表 4-12 所示。

表 4-12 2011~2018 年吉安市茶园面积、茶叶产量及其增长率

年份	茶园面积（千公顷）	茶园面积增长率（%）	茶叶产量（吨）	茶叶产量增长率（%）
2011	6.645	—	2177	—
2012	8.684	30.68	2419	11.12
2013	12.827	47.71	3843	58.87
2014	14.685	14.49	4663	21.34
2015	16.509	12.42	5812	24.64
2016	17.032	3.17	6674	14.83
2017	17.871	4.93	6914	3.60
2018	17.768	−0.58	7100	2.69

二、吉安市林业振兴发展

吉安市野生动物种类繁多，主要分布于山区和丘陵地带，其中井冈山地区分布较多。据调查统计，2014 年吉安市有陆地野生动物 344 种（含亚种），约占全国总数的 16%，其中：兽类 46 种，鸟类 229 种，爬行类 39 种，两栖类 29 种，昆虫纲 1 种。被列为国家一级重点保护的野生动物有豹、云豹、黄腹角雉、白颈长尾雉、大鲵（娃娃鱼）等 8 种，属于国家二级重点保护的野生动物有猕猴、穿山甲、苏门羚、水鹿、斑胁田鸡、白鹇、鸳鸯、花田鸡、猫头鹰、虎纹蛙等 42 种。

吉安市主要野生植物有 3513 种，占全国总数的 11%，其中苔藓类 463 种，蕨类 335 种，裸子植物 12 种，被子植物 3154 种。其中《国家重点保护野生植

物名录（第一批）》的植物有 55 种，被列入《江西省重点保护植物名录》的植物有 163 种；如银杏、南方红豆杉、华木莲、大院冷杉、水松、兰科植物、沉水樟、樟树、楠木、桂花、紫薇、罗汉松等。

选取林业产值、面积、森林覆盖率、增长率等指标，根据吉安市林业种植特点，以造林，零星（四旁）植树、自然保护区等为研究对象，对吉安市林业发展情况进行分析。

（一）林业产值

2011~2018 年吉安市的林业产值分别为 294092 万元、327899 万元、388480 万元、426182 万元、459785 万元、676500 万元、455714 万元、483690 万元，从 2011 年到 2018 年增加了 189598 万元，增长了 64.47%，具体如表 4-13 所示。

表 4-13　2011~2018 年吉安市的林业产值及其增长率

年份	林业产值（万元）	林业产值增长率（%）
2011	294092	—
2012	327899	11.50
2013	388480	18.48
2014	426182	9.71
2015	459785	7.88
2016	676500	47.13
2017	455714	−32.64
2018	483690	6.14

（二）林业产值占农林牧渔业比重

2011~2018 年吉安市的林业产值在吉安市农林牧渔业总产值中所占比重分别为 10.50%、10.77%、11.72%、12.16%、12.61%、15.69%、11.11%、12.64%，增幅为 2.14%，具体见表 4-14。

表 4-14　2011~2018 年吉安市林业产值占农林牧渔业总产值的比重

年份	林业产值（万元）	农林牧渔业总产值（万元）	所占比重（%）
2011	294092	2801917	10.50
2012	327899	3043268	10.77

年份	林业产值（万元）	农林牧渔业总产值（万元）	所占比重（%）
2013	388480	3315434.75	11.72
2014	426182	3504040	12.16
2015	459785	3647085	12.61
2016	676500	4311560	15.69
2017	455714	4101900	11.11
2018	483690	3828000	12.64

1. 造林

2011~2016 年吉安市的造林面积分别为 17.55 千公顷、20.975 千公顷、27.508 千公顷、22.42 千公顷、23.19 千公顷、14.15 千公顷，从 2011 年到 2016 年减少了 3.4 千公顷，增长了 -19.37%。2011~2016 年吉安市的人工造林面积增加了 0.07 千公顷，增长了 0.50%，具体如表 4-15 所示。造林面积与人工造林面积的增长趋势基本保持一致。

表 4-15　2011~2016 年吉安市的造林面积及其增长率

年份	造林面积（千公顷）	造林面积增长率（%）	人工造林面积（千公顷）	人工造林面积增长率（%）
2011	17.55	—	14.08	—
2012	20.975	19.52	18.843	33.83
2013	27.508	31.15	24.574	30.41
2014	22.42	-18.50	21.92	-10.80
2015	23.19	3.43	23.19	5.79
2016	14.15	-38.98	14.15	-38.98

2. 零星（四旁）植树

2011~2016 年吉安市的零星（四旁）植树分别为 1905.55 万株、1969.036 万株、501.802 万株、854.08 万株、6348.17 万株、6193.08 万株，从 2011 年到 2016 年增加了 4287.53 万株，增长了 225.00%，具体如表 4-16 所示。

表 4-16　2011~2016 年吉安市的零星（四旁）植树及其增长率

年份	零星（四旁）植树（万株）	零星（四旁）植树（万株）增长率（%）
2011	1905.55	—
2012	1969.036	3.33
2013	501.802	−74.52
2014	854.08	70.20
2015	6348.17	643.28
2016	6193.08	−2.44

3. 自然保护区

2011~2016 年吉安市的自然保护区个数分别为 34 个、35 个、35 个、33 个、33 个、31 个，从 2011 年到 2016 年减少了 3 个，增长了 −8.82%。2011~2016 年的自然保护区面积分别为 10.397 万公顷、10.81 万公顷、10.865 万公顷、10.618 万公顷、10.618 万公顷、10.315 万公顷，从 2011 年到 2016 年减少了 0.082 万公顷，增长了 −0.79%，具体如表 4-17 所示。

表 4-17　2011~2016 年吉安市自然保护区个数、面积及其增长率

年份	自然保护区个数（个）	自然保护区个数增长率（%）	自然保护区面积（万公顷）	自然保护区面积增长率（%）
2011	34	—	10.397	—
2012	35	2.94	10.81	3.97
2013	35	0.00	10.865	0.51
2014	33	−5.71	10.618	−2.27
2015	33	0.00	10.618	0.00
2016	31	−6.06	10.315	−2.85

三、吉安市畜牧业振兴发展

近年来，吉安市高度重视畜牧业绿色发展，将畜牧业绿色发展工作作为一项重要的生态富民工程来抓，取得了明显成效。畜牧业产值占全市农业总产值的 1/3，生猪全产业链产值超过 100 亿元，成为农业增效、农民增收的主要途径，并形成了具有吉安市特色的畜牧业绿色发展新优势。全市每年生猪出栏 400

多万头、肉牛出栏 58 万余头、家禽出笼 9800 多万只,分别占全省的 1/7、1/3、1/5。形成了以新干、吉安、泰和、万安、安福为主的生猪优势区域,吉安、泰和为主的优质肉鸡区域,吉水、青原、泰和、吉安、安福为主的肉牛优势区域。

全市按照"坚决取缔散养,逐步淘汰小规模养殖,实现规模化、生态化养殖"的总体要求,大力实施规范生猪养殖污染专项整治行动。严格进行"三区"划定,进一步完善可养区、限养区内养殖场配套建设废弃物贮存、处理、利用设施,开展可养区、限养区内养殖场环境影响评价认定工作,对不达标养殖场限期整改,仍不达标的,一律关闭拆除;狠抓生猪退养,落实生猪退养工作政府负责制,巩固畜禽养殖"三区"划定和禁养区内养殖场退养成果,有效防止复养;积极争取上级资金扶持,加大养殖废弃物资源化利用工作力度,不断创新技术手段,提高资源化利用水平;坚持"退建平衡、种养结合、标准一流、退养户优先"的原则,将生猪饲养、沼气和光伏发电、污水及病死猪无害化处理、有机肥厂和有机种植基地全产业链集中建设在一个小区里,实现养殖废弃物无害化处理和资源化利用,最终实现生猪产业的转型升级。

2019 年生猪出栏 356.18 万头,下降 17.4%,年末生猪存栏 144.55 万头,下降 29.8%;出笼家禽 1.13 亿羽,增长 24.8%,年末家禽存笼 3733.19 万羽,增长 21.3%;出售和自宰肉用牛 43.5 万头,增长 5.1%,年末牛存栏 74.43 万头,增长 5.7%。

选取牧业产值、产量、增长率等指标,根据吉安市畜牧业特点,以肉类、猪肉、禽蛋、奶类等为研究对象,对吉安市畜牧业发展情况进行分析。

(一)牧业产值

2011~2018 年吉安市的牧业产值分别为 863970 万元、892196 万元、930426 万元、938136 万元、923463 万元、1180700 万元、1019107 万元、923807 万元,从 2011 年到 2018 年增加了 59837 万元,增长了 6.93%,具体如表 4-18 所示。

表 4-18 2011~2018 年吉安市牧业产值及其增长率

年份	牧业产值(万元)	牧业产值增长率(%)
2011	863970	—
2012	892196	3.27
2013	930426	4.28
2014	938136	0.83

续表

年份	牧业产值（万元）	牧业产值增长率（%）
2015	923463	−1.56
2016	1180700	27.86
2017	1019107	−13.69
2018	923807	−9.35

（二）牧业产值占农林牧渔业比重

2011~2018 年吉安市牧业产值在吉安市农林牧渔业总产值中所占的比重分别为 30.83%、29.32%、28.06%、26.77%、25.32%、27.38%、24.84%、24.13%，增幅为 −6.7%，具体见表 4−19。

表 4−19　2011~2018 年吉安市牧业产值占农林牧渔业总产值的比重

年份	牧业产值（万元）	农林牧渔业总产值（万元）	所占比重（%）
2011	863970	2801917	30.83
2012	892196	3043268	29.32
2013	930426	3315434.75	28.06
2014	938136	3504040	26.77
2015	923463	3647085	25.32
2016	1180700	4311560	27.38
2017	1019107	4101900	24.84
2018	923807	3828000	24.13

（三）产量

2011~2018 年吉安市的肉类总产量分别为 45.5706 万吨、48.2476 万吨、49.7857 万吨、51.6725 万吨、52.6822 万吨、52.6470 万吨、54.4600 万吨、51.9000 万吨，从 2011 年到 2018 年增加了 6.3294 万吨，增长了 13.89%，猪肉产量从 2011 年到 2018 年减少了 7.8011 万吨，增长了 −26.65%，具体如表 4−20 所示。由此可见，猪肉产量趋势与肉类总产量趋势基本保持一致，说明猪肉在肉类中占比较大，在 2017 年猪肉产量下降，可能是受非洲猪瘟影响。

表4-20 2011~2018年吉安市肉类、禽蛋、奶类等产量及其增长率

年份	肉类总产量（万吨）	肉类总产量增长率（%）	猪肉产量（万吨）	猪肉产量增长率（%）	禽蛋产量（万吨）	禽蛋产量增长率（%）	奶类产量（万吨）	奶类产量增长率（%）
2011	45.5706	—	29.2711	—	4.7900	—	0.23	—
2012	48.2476	5.87	31.0200	5.97	4.8500	1.25	0.29	26.09
2013	49.7857	3.19	31.9205	2.90	4.8300	-0.41	0.41	41.38
2014	51.6725	3.79	33.0682	3.60	—	—	—	—
2015	52.6822	1.95	33.2101	0.43	—	—	—	—
2016	52.6470	-0.07	32.0395	-3.52	—	—	—	—
2017	54.4600	3.44	22.6700	-29.24	—	—	—	—
2018	51.9000	-4.70	21.4700	-5.29	—	—	—	—

四、吉安市渔业振兴发展

选取渔业产值、水产品产量、水产品养殖面积、增长率等指标对吉安市畜牧业发展情况进行分析。

（一）渔业产值

2011~2018年吉安市的渔业产值分别为254912万元、300079万元、346591.3万元、375689万元、393946万元、431400万元、393451万元、406172万元，从2011年到2018年增加了151260万元，增长了59.34%，具体如表4-21所示。

表4-21 2011~2018年吉安市渔业产值及其增长率

年份	渔业产值（万元）	渔业产值增长率（%）
2011	254912	—
2012	300079	17.72
2013	346591.3	15.50
2014	375689	8.40
2015	393946	4.86
2016	431400	9.51
2017	393451	-8.80
2018	406172	3.23

（二）渔业产值占农林牧渔业比重

2011~2018 年吉安市的渔业产值在吉安市农林牧渔业总产值中所占的比重分别为 9.10%、9.86%、10.45%、10.72%、10.80%、10.01%、9.59%、10.61%，增幅为 1.51%，具体见表 4-22。

表 4-22　2011~2018 年吉安市渔业产值占农林牧渔业总产值的比重

年份	渔业产值（万元）	农林牧渔业总产值（万元）	所占比重（%）
2011	254912	2801917	9.10
2012	300079	3043268	9.86
2013	346591.3	3315434.75	10.45
2014	375689	3504040	10.72
2015	393946	3647085	10.80
2016	431400	4311560	10.01
2017	393451	4101900	9.59
2018	406172	3828000	10.61

（三）产量

2011~2019 年吉安市的水产品产量分别为 30.5411 万吨、19.9785 万吨、20.6500 万吨、21.6027 万吨、22.4900 万吨、23.2000 万吨、23.9800 万吨、22.1900 万吨、22.3100 万吨，从 2011 年到 2019 年减少了 8.2311 万吨，增长了 -26.95%，具体如表 4-23 所示。

表 4-23　2011~2019 年吉安市水产品产量及其增长率

年份	水产品产量（万吨）	水产品产量增长率（%）
2011	30.5411	—
2012	19.9785	-34.58
2013	20.6500	3.36
2014	21.6027	4.61
2015	22.4900	4.11
2016	23.2000	3.16
2017	23.9800	3.36
2018	22.1900	-7.46
2019	22.3100	0.54

（四）养殖面积

2011~2018 年吉安市的水产养殖面积分别为 44.685 千公顷、45.1104 千公顷、45.426 千公顷、45.608 千公顷、46.005 千公顷、46.2 千公顷、43.137 千公顷、32.77 千公顷，从 2011 年到 2018 年减少了 11.915 千公顷，增长了 –26.66%，具体如表 4-24 所示。

表 4-24　2011~2018 年吉安市水产养殖面积及其增长率

年份	水产养殖面积（千公顷）	水产养殖面积增长率（%）
2011	44.685	—
2012	45.1104	0.95
2013	45.426	0.70
2014	45.608	0.40
2015	46.005	0.87
2016	46.200	0.42
2017	43.137	–6.63
2018	32.77	–24.03

第四节　吉安市农业细分行业投资

除了通过农业产业增加值、增长率、农林牧渔业总产值来说明吉安市农业产业的基本情况外，还通过 2011~2017 年吉安市农业产业固定资产投资及其细分行业固定资产投资情况反映吉安市农业产业发展情况。

2011~2017 年吉安市的农业产业固定资产投资额分别为 19.6688 亿元、18.2257 亿元、33.8185 亿元、37.8342 亿元、52.4634 亿元、55.1833 亿元、64.9066 亿元，从 2011 年到 2017 年增加了 45.2378 亿元，增长了 230.00%，具体如表 4-25 所示。

表4-25　2011~2017年吉安市农业产业固定资产投资额及其增长率

年份	农业产业固定资产投资额（亿元）	农业产业固定资产投资额增长率（%）
2011	19.6688	—
2012	18.2257	-7.34
2013	33.8185	85.55
2014	37.8342	11.87
2015	52.4634	38.67
2016	55.1833	5.18
2017	64.9066	17.62

一、吉安市种植业投资

2011~2017年吉安市种植业固定资产投资额分别为7.8亿元、6.694亿元、11.9609亿元、23.3161亿元、32.7654亿元、42.0066亿元、49.6263亿元，从2011年到2017年增加了41.8263亿元，增长了536.23%，具体如表4-26所示。

表4-26　2011~2017年吉安市种植业固定资产投资额及其增长率

年份	种植业固定资产投资额（亿元）	种植业固定资产投资额增长率（%）
2011	7.8	—
2012	6.694	-14.18
2013	11.9609	78.68
2014	23.3161	94.94
2015	32.7654	40.53
2016	42.0066	28.20
2017	49.6263	18.14

二、吉安市林业投资

2011~2017年吉安市林业固定资产投资额分别为3.4253亿元、3.563亿元、3.915亿元、3.664亿元、5.7852亿元、1.5385亿元、4.6449亿元，从2011年到2017年增加了1.2196亿元，增长了35.61%，具体如表4-27所示。

表 4-27　2011~2017 年吉安市林业固定资产投资额及其增长率

年份	林业固定资产投资额（亿元）	林业固定资产投资额增长率（%）
2011	3.4253	—
2012	3.563	4.02
2013	3.915	9.88
2014	3.664	−6.41
2015	5.7852	57.89
2016	1.5385	−73.41
2017	4.6449	201.91

三、吉安市畜牧业投资

吉安市牧业固定资产投资额从 2013 年到 2017 年减少了 6.5263 亿元，增长了 −39.72%，这反映了非洲猪瘟病对整个生猪行业发展造成的系统性影响仍然难以迅速消弭，具体如表 4-28 所示。

表 4-28　2011~2017 年吉安市牧业固定资产投资额及其增长率

年份	牧业固定资产投资额（亿元）	牧业固定资产投资额增长率（%）
2011	—	—
2012	—	—
2013	16.4276	—
2014	8.9395	−45.58
2015	13.8028	54.40
2016	—	—
2017	9.9033	—

四、吉安市渔业投资情况

吉安市渔业固定资产投资额从 2013 年到 2017 年减少了 0.7829 亿元，增长了 −51.68%。近年来，我国生态执法越来越严格，许多渔业养殖排污不达标，关闭渔业养殖场越来越多，渔业投资也出现断崖式下降，具体如表 4-29 所示。

表 4-29 2011~2017 年吉安市渔业固定资产投资额及其增长率

年份	渔业固定资产投资额（亿元）	渔业固定资产投资额增长率(%)
2011	—	—
2012	—	—
2013	1.515	—
2014	1.9146	26.38
2015	0.11	−94.25
2016	—	—
2017	0.7321	—

第五节 吉安市农业产业发展面临的挑战

一、吉安市种植业发展面临的挑战

（一）种粮积极性难以得到保障

由于农业种植风险高、收益低并且不稳定、种植过程辛苦，越来越多的农民不愿意从事农业种植劳动，特别是新一代的年轻人，在外就业渠道较多，工资相对较高，更不愿意从事农业生产经营，造成农民劳动力平均年龄较高，撂荒的情况很常见。

（二）土地细碎化的问题依旧较为突出

吉安市属于山地丘陵地区，农田分布相对分散、细碎。往往会造成化肥、农药、水电使用量的上升，还会在一定程度上造成粮食产量的下降，不利于提高粮食生产效率，阻碍了农民增产增收。

（三）种粮生产的成本居高不下

粮食生产成本一直处于较高的水平，化肥、农药的价格不断上升，人工费用不断高涨，特别是水果种植中的采摘环节，由于难以实现机械对于人工的替代，人工费用特别高。较高的生产成本使得农产品的价格居高不下，大大减弱了农产品的市场竞争力，造成了粮食生产量、库存量、进口量"三量齐增"的怪象，也压缩了农民的利润空间。

二、吉安市林业发展面临的挑战

（一）深化林业改革的任务十分艰巨

吉安市集体林权制度主体改革虽已基本完成，但一些地方在确权发证中留下的"后遗症"逐渐暴露，因林权问题引发的群访事件时有发生，迫切需要进一步"回头看"、补缺补差。配套改革政策性强、牵涉面广，全面突破困难，成效不够明显，体制机制不活仍然是制约林业发展的最大障碍。同时，国有林场改革刚刚破题，这项改革同样涉及面广、敏感性强，任务也非常繁重。

（二）森林资源保护管理的任务十分艰巨

对于吉安市来说，仍然存在着乱占林地、乱砍伐林木及乱扑杀野生动物的现象，森林及林地的保护仍然存在很多问题。2014年，国家林业部门对吉安市一些县市森林资源保护方面进行了检查，仍然存在诸多问题，有些地方问题还相当严重。

（三）提升林业质量效益的任务十分艰巨

目前，吉安市林业质量低、林中树种结构不合理的问题突出。同时，林业科技与生产结合不紧，科技贡献率不高，林地综合产出率偏低，林业促进农民增收作用还不明显，迫切需要进一步提升林业综合效益。

（四）加快林业基础建设的任务十分艰巨

吉安市林业发展过程中，其装备水平和信息化水平不高，很多林区在做基础设施建设时拖欠了大量贷款，多数国有林场仍然存在经济方面的问题，当地林业管理部门的管理水平不高，跟不上现代化林业发展的需要。

三、吉安市畜牧业发展面临的挑战

（一）生猪生态循环养殖小区征占用林地指标严重不足

由于生态保护需要生猪生态循环养殖小区选址一般在远离集镇、村庄、水

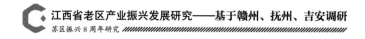

源的偏远山区，林地占用量大，平均每个项目需占用林地 10~13.3 公顷，共需占用林地指标 400 公顷左右，存在很大缺口，严重影响了项目推进。

（二）畜禽养殖废弃物资源化利用程度不高

由于畜禽规模养殖场废弃物资源化利用相关扶持政策滞后，农民使用有机肥料积极性不高，导致畜禽规模养殖场废弃物资源化利用工作进展缓慢，影响了吉安市畜牧业绿色发展转型升级。

（三）畜牧业绿色发展建设投入不足

由于畜禽养殖污染点多面积广，污染治理设施建设投资大，吉安市养殖场户自有积累用于清洁生产的资金明显不足，希望得到国家项目支持。与此同时，吉安市治污的"等、靠、要、观望"现象普遍存在，导致畜禽治污设施建设滞后，影响了畜牧业绿色发展的工作进度。

四、吉安市渔业发展面临的挑战

（一）水产品质量安全问题

吉安市水产品质量安全问题已经成为消费者关注的重要问题。由于水产养殖不合理用药现象仍较为普遍，水产品药残超标事件屡有发生；加之企业在处理过程中存在的使用禁用物质或其他使假行为，导致我国水产品质量安全存有很大隐患。目前我国在监督检查方面的制度尚不完善，质检机构和人员数量少，技术水平低。

（二）生态资源环境方面问题

吉安市渔业资源衰退状况未得到根本扭转。由于对渔业资源的有限性认识不足，在经济利益的驱动下，捕捞强度依然未得到很好的改善，渔业资源利用处于"无序、无度、无偿"状态，对渔业资源造成严重破坏，经济发展与资源和生态环境保护之间的矛盾依然尖锐。虽然近年来针对控制捕捞强度、保护渔业资源等方面采取了措施，但非法捕捞现象时有发生，缺乏资源和渔船管理方面的有效手段，部分水域渔业资源出现"荒漠化"现象。局部水域污染的加剧给养殖业和育苗业造成了巨大的经济损失。主要体现在工业化和城市化进程的加快、滩涂和近海域以及城郊区池塘受到不同程度的挤占、养殖区域缩小、发展潜力受限。沿海水域环境污染严重，内陆水域不同程度的富氧化，导致水生物病害发生频率增高和死亡严重。

第五章

赣州、吉安、抚州农业振兴发展比较

农业的发展具有区域差异性，通过对赣州市、抚州市和吉安市三地的农业产业经济总体实力比较分析，找出影响各地区农业经济发展的因素。

第一节　农业产业规模分析

一、农业总产值占比分析

汇总赣州、抚州、吉安三个地区的农业产业在整个产业中所占比重，得到表5-1。

显然，2011~2018年，三地区农业产业在整个产业中所占比重呈现下降的趋势。

2011年，农业产业在整个产业中所占的比重为吉安 > 抚州 > 赣州，截至2018年变为抚州 > 赣州 > 吉安。这可能是近年来吉安工业化发展速度更快导致。事实上，吉安市实施"1+4+6+1"产业发展战略，电子信息产业成为其首位产业，近年来发展成效显著，因此农业产业所占比重迅速减少。

表5-1　2011~2018年三地区农业产业在整个产业中所占比重

年份	赣州	抚州	吉安
2011	17.4	18.4	19.32
2012	16.7	18.4	17.96
2013	16.2	17.4	17.54
2014	15.6	16.7	16.8

续表

年份	赣州	抚州	吉安
2015	15	16.5	16.37
2016	14.6	16.3	16
2017	13.7	16	14.9
2018	12.1	14.4	11.9

二、农林牧渔业总产值占比分析

（一）种植业在农林牧渔业总产值中占比

汇总赣州、抚州、吉安三个地区的种植业产值在农林牧渔业总产值中所占比重，得到表5-2。

2011~2018年，赣州市和抚州市的种植业产值在农林牧渔业总产值中所占比重呈逐年上升趋势，吉安市的种植业产值在农林牧渔业总产值中所占比重呈波动上升趋势，抚州的种植业产值在农林牧渔业总产值中所占比重始终很高，这得益于抚州的种植业发展战略。抚州市在加快推进高标准农田建设、现代农业示范园区建设、农业机械化发展上发力，围绕农业生产条件现代化，夯实现代农业发展物质基础，提高农业综合生产能力。依托自然生态禀赋，着力构建"生态＋现代农业＋旅游业"体系，积极推进农文旅融合发展。

表5-2 2011~2018年三地区种植业产值在农林牧渔业总产值中所占比重

年份	赣州	抚州	吉安
2011	46.32	56.86	47.81
2012	46.81	59.58	50.05
2013	47.12	60.43	49.77
2014	47.28	61.08	50.34
2015	49.05	62.67	51.27
2016	51.10	62.66	46.92
2017	52.42	63.14	54.45
2018	54.84	64.70	52.62

（二）林业产值在农林牧渔业总产值中所占比重

汇总赣州、抚州、吉安三个地区的林业产值在农林牧渔业总产值所占比重，得到表 5-3。

2011~2018 年，赣州市和抚州市的林业产值在农林牧渔业中所占比重呈逐年上升趋势，吉安市的林业产值在农林牧渔业中所占比重呈先上升后下降再上升趋势，但三地区的林业产值在农林牧渔业中所占比重为吉安 > 赣州 > 抚州，这得益于吉安的林业发展战略。吉安市立足生态优势，大力发展生态富民产业，近年来，吉安市先后出台了《关于加快发展大健康产业的实施意见》《大健康产业项目实施方案》。按照"抓龙头、建基地、创品牌、兴产业"的发展思路，大力发展森林大健康产业，积极助力脱贫攻坚，重点打造"森林人家""森林庄园""森林体验中心""森林康养基地"，将森林药材产业作为富民的主导产业来抓、充分凸显森林大健康产业的辐射效应。

表 5-3　2011~2018 年三地区林业产值在农林牧渔业总产值中所占比重

年份	赣州	抚州	吉安
2011	6.10	4.37	10.50
2012	6.27	4.54	10.77
2013	6.44	4.63	11.72
2014	6.71	4.71	12.16
2015	6.98	4.77	12.61
2016	8.93	6.36	15.69
2017	9.68	7.47	11.11
2018	10.47	7.88	12.64

（三）畜牧业产值在农林牧渔业总产值中所占比重

汇总赣州、抚州、吉安三个地区的牧业产值在农林牧渔业总产值中所占比重，得到表 5-4。

2011~2018 年，赣州和抚州的牧业产值在农林牧渔业总产值中所占比重呈逐年下降趋势，吉安市的牧业产值在农林牧渔业总产值中所占比重呈先下降后上升再下降趋势，2011~2016 年，三地区的牧业产值在农林牧渔业总产值中所占比重为赣州 > 吉安 > 抚州，2016~2018 年，三地区的牧业产值在农林牧渔业总产值中所占比重为吉安 > 赣州 > 抚州。

表 5-4　2011~2018 年三地区牧业产值在农林牧渔业总产值中所占比重

年份	赣州	抚州	吉安
2011	36.14	28.88	30.83
2012	34.53	27.68	29.32
2013	33.65	25.63	28.06
2014	32.9	24.72	26.77
2015	30.84	23.11	25.32
2016	27.52	21.68	27.38
2017	24.50	20.25	24.84
2018	22.73	18.37	24.13

（四）渔业产值在农林牧渔业中所占比重

汇总赣州、抚州、吉安三个地区的渔业产值在农林牧渔业总产值中所占比重，得到表 5-5。

2011~2018 年，赣州和吉安的渔业产值在农林牧渔业总产值中所占比重呈先上升后下降再上升趋势，抚州市的渔业产值在农林牧渔业总产值中所占比重呈先上升后下降趋势，2011~2015 年，三地区的渔业产值在农林牧渔业总产值中所占比重为赣州 > 吉安 > 抚州。

表 5-5　2011~2018 年三地区渔业产值在农林牧渔业总产值中所占比重

年份	赣州	抚州	吉安
2011	9.53	8.18	9.10
2012	10.54	8.21	9.86
2013	10.96	9.31	10.45
2014	11.25	9.48	10.72
2015	11.22	9.45	10.80
2016	9.16	9.30	10.01
2017	9.93	9.14	9.59
2018	10.08	9.05	10.61

第二节　农林牧渔业振兴发展比较

一、农林牧渔业总产值比较

汇总赣州、抚州、吉安三个地区的农林牧渔业总产值及增长率情况，得到表 5-6。

由表 5-6 可知，赣州市农林牧渔业总产值总体规模最大，抚州市农林牧渔业总产值总体规模最小，吉安居中，但是抚州增长趋势更为明显，在未来几年，有超过吉安的趋势。

表 5-6　2011~2018 年三个地区农林牧渔业总产值及其增长情况

年份	农林牧渔业总产值（万元）			增长率（%）		
	赣州	抚州	吉安	赣州	抚州	吉安
2011	3750930	2527007	2801917	—	—	—
2012	4053589	2813438	3043268	8.07	11.33	8.61
2013	4359037	2947784	3315435	7.54	4.78	8.94
2014	4607883	3131351	3504040	5.71	6.23	5.69
2015	4805892	3283167	3647085	4.30	4.85	4.08
2016	5181724	3604898	4311560	7.82	9.80	18.22
2017	5355116	3349380	4101900	3.35	−7.09	−4.86
2018	5457965	3435320	3828000	1.92	2.57	−6.68

二、细分行业总产值比较

（一）种植业

汇总赣州、抚州、吉安三个地区的种植业总产值及增长率情况，得到表 5-7。

由表 5-7 可知，赣州市种植业总产值总体规模最大，吉安市种植业总产值总体规模最小，抚州居中。赣州市精准定位，造就富民产业。深入推进农业供给侧结构性改革，着力做大做强脐橙、蔬菜、油茶三个主导产业和其他优势特色产业，推进蔬菜产业迅速壮大，推进脐橙产业发展升级，推进油茶产业改造提升，巩固赣南脐橙品牌，打响赣南蔬菜、赣南茶油、赣南茶叶区域品牌。从种植业总产值增长率来看，三地总体增速存在下降趋势，但是吉安的增长潜力相对较弱。

表5-7　2011~2018年三个地区种植业总产值及其增长情况

年份	种植业总产值（万元）			增长率（%）		
	赣州	抚州	吉安	赣州	抚州	吉安
2011	1737458	1436911	1339645	—	—	—
2012	1897601	1676169	1523094	9.22	16.65	13.69
2013	2053886	1781305	1649938	8.24	6.27	8.33
2014	2178400	1912775	1764033	6.06	7.38	6.92
2015	2357525	2057548	1869891	8.22	7.57	6.00
2016	2647962	2258798	2022960	12.32	9.78	8.19
2017	2806915	2114890	2233628	6.00	−6.37	10.41
2018	2993015	2222750	2014331	6.63	5.10	−9.82

（二）林业

汇总赣州、抚州、吉安三个地区的林业总产值及增长率情况，得到表5-8。

由表5-8可知，赣州市林业总产值总体规模最大，抚州市林业总产值总体规模最小，吉安居中。近年来，吉安大力发展井冈蜜柚、有机茶叶、特色药材、特色竹木等林业经济，增长趋势更为明显，在未来几年，有超过赣州的趋势。吉安与赣州两地难分伯仲，实力相当，仔细对比，吉安的林业总产值在大多数年份都高于赣州，这说明吉安地区的林业基础较为稳固，在赣州、吉安、抚州这三个地区对比之下，赣州的林业增长率变化幅度相对较小，相比之下，抚州林业总产值水平比较低，还具有很大的发展空间。

表5-8　2011~2018年三个地区林业总产值及其增长情况

年份	林业总产值（万元）			增长率（%）		
	赣州	抚州	吉安	赣州	抚州	吉安
2011	228697	110468	294092	—	—	—
2012	254279	127741	327899	11.19	15.64	11.50

续表

年份	林业总产值（万元）			增长率（%）		
	赣州	抚州	吉安	赣州	抚州	吉安
2013	280872	136614	388480	10.46	6.95	18.48
2014	309378	147456	426182	10.15	7.94	9.71
2015	335665	156543	459785	8.50	6.16	7.88
2016	462540	229400	676500	37.80	46.54	47.13
2017	518332	250091	455714	12.06	9.02	−32.64
2018	571583	270648	483690	10.27	8.22	6.14

（三）牧业

汇总赣州、抚州、吉安三个地区的牧业总产值及增长率情况，得到表5-9。

由表 5-9 可知，赣州市牧业总产值总体规模最大，抚州市牧业总产值总体规模最小，吉安居中。三个地区的牧业总产值水平排名为赣州 > 吉安 > 抚州，但是抚州增长趋势更为明显，在未来几年，有超过吉安的趋势。吉安与赣州两地难分伯仲，实力相当。赣州的牧业总产值在大多数年份都高于吉安，这说明赣州地区的牧业基础较为稳固，近年来受非洲猪瘟的影响，生猪数量减少。2018 年来，三地实施生猪复产增养行动，完成生猪生态循环养殖小区建设，促进屠宰加工、冷链配送一体化，健全动物防疫体系，力促生猪产能基本恢复正常水平。

表 5-9　2011~2018 年三个地区牧业总产值及其增长情况

年份	牧业总产值（万元）			增长率（%）		
	赣州	抚州	吉安	赣州	抚州	吉安
2011	1355635	729877	863970	—	—	—
2012	1399876	778662	892196	3.26	6.68	3.27
2013	1466797	755537.5	930426	4.78	−2.97	4.28
2014	1515803	774131	938136	3.34	2.46	0.83
2015	1481978	758684	923463	−2.23	−2.00	−1.56
2016	1425822	781400	1180700	−3.79	2.99	27.86
2017	1312156	678246	1019107	−7.97	−13.20	−13.69
2018	1240701	631069	923807	−5.45	−6.96	−9.35

（四）渔业

汇总赣州、吉安、抚州三个地区的渔业总产值及增长率情况，得到表 5-10。

由表 5-10 可知，赣州市渔业总产值总体规模最大，抚州市渔业总产值总体规模最小，吉安居中。三个地区的牧业总产值水平排名为赣州＞吉安＞抚州，但是吉安增长趋势更为明显，在未来几年，有超过赣州的趋势。2015 年以后，赣州的增长率呈先减少再增加后减少趋势，抚州和吉安的增长率则相反，即先增加再减少后增加。

表 5-10 2011~2018 年三个地区渔业总产值及其增长情况

年份	渔业总产值（万元）			增长率（%）		
	赣州	抚州	吉安	赣州	抚州	吉安
2011	357619	206742	254912	—	—	—
2012	427094	230866	300079	19.43	11.67	17.72
2013	477885	274327.2	346591.3	11.89	18.83	15.50
2014	518501	296989	375689	8.50	8.26	8.40
2015	539087	310392	393946	3.97	4.51	4.86
2016	474406	335300	431400	−12.00	8.02	9.51
2017	531613	306153	393451	12.06	−8.69	−8.80
2018	550163	310853	406172	3.49	1.54	3.23

江西老区
工业振兴篇

第六章

工业概述

第一节　工业基本概念

工业主要是指原料采集与产品加工制造的产业或工程。工业是社会分工发展的产物，经过手工业、机器工业等几个发展阶段。

根据社会生产活动历史发展的顺序对产业结构的划分，产品直接取自自然界的部门称为第一产业，对初级产品进行再加工的部门称为第二产业，为生产和消费提供各种服务的部门称为第三产业。

18 世纪英国出现工业革命，使原来以手工技术为基础的工场手工业逐步转变为机器工业，工业才最终从农业中分离出来成为一个独立的物质生产部门。19 世纪末到 20 世纪初，随着科学技术的进步，开始现代工业的发展阶段。20 世纪 40 年代后期开始，以生产过程自动化为主要特征，采用电子控制的自动化机器和生产线进行生产，改变了机器体系。20 世纪 70 年代后期开始，以微电子技术为中心，包括生物工程、光导纤维、新能源、新材料和机器人等新兴技术和新兴工业蓬勃兴起。这些新技术革命，正在改变着工业生产的基本面貌。工业是第二产业的组成部分。

工业是唯一生产现代化劳动手段的部门，它决定着国民经济现代化的速度、规模和水平，在当代世界各国国民经济中起着主导作用。工业还为自身和国民经济其他各个部门提供原材料、燃料和动力，为人民物质文化生活提供工业消费品；它还是国家财政收入的主要源泉，是国家经济自主、政治独立、国防现代化的根本保证。除此之外，在社会主义条件下，工业的发展还是巩固社会主义制度的物质基础，是逐步消除工农差别、城乡差别、体力劳动和脑力劳

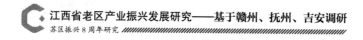

动差别，推动社会主义向共产主义过渡的前提条件。

工业是国民经济中最重要的物质生产部门之一。工业生产主要是对自然资源以及原材料进行加工或装配的过程。这是一个工资相对较高，但工作也比较艰苦的行业。对从事此行业的人要求有一定的体能和技能。2014年，中国工业生产总值达4万亿美元，超过美国成为世界头号工业生产国。

第二节 工业产业分类

根据国务院办公厅转发的国家统计局关于建立第三产业统计报告上对我国三次产业划分的意见：第二产业分为有采矿业，制造业，电力、热力、燃气及水生产和供应业以及建筑业（见表6-1），其中，采矿业，制造业，电力、热力、燃气及水生产和供应业三者统称为工业。

表6-1 国民经济行业第二产业分类

产业	门类	大类	名称
第二产业	B（采矿业）	06	煤炭开采和洗选业
		07	石油和天然气开采业
		08	黑色金属矿采选业
		09	有色金属矿采选业
		10	非金属矿采选业
		12	其他采矿业
	C（制造业）	13	农副食品加工业
		14	食品制造业
		15	酒、饮料和精制茶制造业
		16	烟草制品业
		17	纺织业

续表

产业	门类	大类	名称
第二产业	C（制造业）	18	纺织服装、服饰业
		19	皮革、毛皮、羽毛及其制品和制鞋业
		20	木材加工和木、竹、藤、棕、草制品业
		21	家具制造业
		22	造纸和纸制品业
		23	印刷和记录媒介复制业
		24	文教、工美、体育和娱乐用品制造业
		25	石油加工、炼焦和核燃料加工业
		26	化学原料和化学制品制造业
		27	医药制造业
		28	化学纤维制造业
		29	橡胶和塑料制品业
		30	非金属矿物制品业
		31	黑色金属冶炼和压延加工业
		32	有色金属冶炼和压延加工业
		33	金属制品业
		34	通用设备制造业
		35	专用设备制造业
		36	汽车制造业
		37	铁路、船舶、航空航天和其他运输设备制造业
		38	电气机械和器材制造业
		39	计算机、通信和其他电子设备制造业
		40	仪器仪表制造业
		41	其他制造业

续表

产业	门类	大类	名称
第二产业	D（电力、热力、燃气及水生产和供应业）	42	废弃资源综合利用业
		43	电力、热力生产和供应业
		44	燃气生产和供应业
		45	水的生产和供应业
	E（建筑业）	46	房屋建筑业
		47	土木工程建筑业
		48	建筑安装业
		49	建筑装饰和其他建筑业

第三节 我国工业产业概述

一、煤炭产业

1949~2014 年，我国的煤炭消费量增长了 90 倍，石油消费量增长了 2600 倍，天然气消费量增长近 2 万倍。粗钢消费量激增 1240 倍，铜消费量增长近 2300 倍、铝消费量增长了 6000 倍。毫无疑问，矿业对于中国经济的发展和人民生活水平的提高做出了巨大的贡献。

以煤炭消费量为例，国务院办公厅发布《能源发展战略行动计划（2014-2020 年）》中提出了能源消费结构优化，因此在 2013 年以后，煤炭消费量保持下降态势。煤炭消费量在 2017 年微幅增长的主要原因是，在 2017 年 10 月中国共产党第十九次全国代表大会之前，电力需求同比增长了 5.7%，这样的能源需求增长是一个异常现象，短期内重型建筑活动增加以提振经济增长，推动电力需求出现令人意外的高增长。中国 2011~2018 年煤炭消费量及增速情况如表 6-2 所示。

表 6-2　中国 2011~2018 年煤炭消费量及增速

年份	煤炭消费量（亿吨油当量）	增速（%）
2011	19.04	8.9
2012	19.28	1.3
2013	19.69	2.1
2014	19.54	−0.8
2015	19.14	−2.0
2016	18.88	−1.4
2017	18.96	0.4
2018	19.15	1.0

二、制造业发展

制造业是指机械工业时代利用某种资源（物料、能源、设备、工具、资金、技术、信息和人力等），按照市场要求，通过制造过程，转化为可供人们使用和利用的大型工具、工业品与生活消费产品的行业。制造业直接体现了一个国家的生产力水平，是区别发展中国家和发达国家的重要因素，制造业在世界发达国家的国民经济中占有重要份额。

我国制造业作为国家的支柱产业，一直保持较好的发展态势。然而，随着我国人口红利的消失，人工费用的增长，传统制造业依靠人力发展的道路已经越走越窄。与此同时，以工业机器人为代表的智能装备，正为传统的装备制造以及物流等相关行业的生产方式带来革命性的产业变革。

美国 68% 的财富来源于制造业，日本国民经济总产值约 49% 由制造业提供。在先进的工业化国家中，约有 1/4 的人口从业于制造业，在非制造业部门中，又有约半数人员的工作性质与制造业密切相关。制造业是国民经济的基础产业，它的发展直接影响到国民经济各部门的发展，也影响到国计民生和国防力量的加强。在整个制造业中，机械制造业占有特别重要的地位。因为机械制造业是国民经济的装备部，国民经济各部门的生产水平和经济效益在很大程度上取决于机械制造业所提供的装备的技术性能、质量和可靠性。因而，各发达国家都把发展机械制造业放在了突出的位置上。

因此，制造业对国家及地区的重要性不言而喻，对比分析赣州市、抚州市和吉安市三个地区的制造业发展情况，可以看出这三个地区经济支柱的差异性。

三、电力、燃气及水的生产和供应业

电力工业是将煤炭、石油、天然气、核燃料、水能、海洋能、风能、太阳能、生物质能等一次能源经发电设施转换成电能，再通过输电、变电与配电系统供给用户作为能源的工业部门。电能的生产过程和消费过程是同时进行的，既不能中断，又不能储存，需要统一调度和分配。电力工业为工业和国民经济其他部门提供基本动力，随后在条件具备的地区建设一批大、中型水电站，是国民经济发展的先行部门。

城市燃气应用于居民生活、工商业、发电、交通运输、分布式能源等多个领域，是城市发展不可或缺的重要能源。同时，城市燃气的输配系统是城市基础设施建设的重要组成部分，是城市现代化的重要标志之一。城市燃气在优化能源结构、改善城市环境、加速城市现代化建设和提高人民生活水平等方面的作用日益突出。

水的生产和供应业指将天然水（地下水、地表水）经过蓄集、净化达到生活饮用水或其他用水标准，并向居民家庭、企业和其他用户供应的活动。包括取水、输水、净水及配水，污水处理及其再生利用，对污水的收集、处理及深度净化，海水淡化处理，达到可以使用标准的生产活动，以及对雨水、微咸水等类似水进行收集、处理和利用活动，海水淡化处理，雨水的收集、处理、利用，微咸水及其他类似水的收集、处理和再利用等。

通过对比分析三个地区的电力、燃气及水的生产和供应业发展情况，可以分析得出三个地区在提高居民生活水平上做出的贡献。

四、建筑业发展

建筑业指国民经济中从事建筑安装工程的勘察、设计、施工以及对原有建筑物进行维修活动的物质生产部门。按照国民经济行业分类目录，作为国民经济 13 个门类之一的建筑业，由以下三个大类组成：土木工程建筑业，线路、管道和设备安装业，勘察设计业。建筑业的职能主要是对各种建筑材料和构件、机器设备等进行建筑安装活动，为国民经济建造生产性与非生产性固定资产。建筑业的发展与固定资产投资规模有着十分密切的关系，相互促进、相互制约。

　　建筑业的产品转给使用者之后，就形成了各种生产性和非生产性的固定资产。它是国民经济各物质生产部门和交通运输部门进行生产的手段，是人民生活的重要物质基础。美国和其他一些西方国家，把建筑业与钢铁工业、汽车工业并列为国民经济的三大支柱。

第七章

赣州市工业振兴发展

第一节　赣州市工业发展态势

一、努力做大工业总量

2018 年，赣州市强化项目建设，实施亿元以上工业项目 260 个以上，落地 10 亿元以上重大项目 50 个，实施技改大项目 200 个。强化龙头带动，新培育 50 亿元以上企业 2~3 户，新增超 10 亿元企业 10 户以上，新增规模以上工业企业 300 户左右，引进培育高新技术企业 50 户，创新型、成长型企业户数增长 20% 以上。强化平台支撑，完成园区基础设施投入 160 亿元，新增和盘活土地 5 万亩以上，新建标准厂房 650 万平方米以上。强化企业帮扶，深入推进降成本优环境专项行动，缓解实体经济的困难，让企业轻装上阵、企稳前行。

二、培育壮大产业集群

2019 年，赣州市突出抓好"两城两谷一带"建设。新能源汽车科技城重点争取新能源乘用车整车生产资质、国家级新能源汽车产业基地、国家级新能源汽车检测中心获批，抓紧孚能科技三期等项目建设，加快引进落地汽车整车及配套项目。现代家居城重点突出招大引强，抓好现有家具企业升级发展，鼓励优质家具企业创建品牌，建设赣南家具等国家级出口质量安全示范区。中国稀金谷重点引进精深加工项目、研发机构和行业高端人才，发展军民融合产业，争取纳入国家双创平台。青峰药谷重点引进优质生物制药项目，打造药品研发制造、医疗健康旅游、药材种植加工三大板块。赣粤电子信息产业带重点引进集成电路、液晶面板等领域大中型生产企业，积极承接珠三角、海西经济区精密电子产业整体配套转移。积极谋划高铁经济带，优化全市产业布局，支持各县（市、区）发展首位产业，着力打造一批经济强县，促进县域经济优势互补、错位发展。

三、大力发展智能制造

近年来，赣州市加快实施"互联网+"协同制造行动计划，建设工业云大数据中心，在稀土钨、装备制造、电子信息、家具等产业建设示范性数字化车间或智能工厂。加大全社会研发投入，提高 R&D 公式经费支出占 GDP 的比重。深入实施创新驱动"1122"工程公式、重点创新产业化升级工程和科技协同创新计划，实施专利提质工程，完善校企合作机制，加快科技成果转化和产业化。积极培育新兴产业，在机器人等智能装备制造、石墨烯材料应用、3D打印等领域落户一批项目，形成新的增长点。

2019 年 10 月，赣州市稀土钨新型功能材料产业集群获批国家级战略性新兴产业集群，进一步打响"中国稀金谷"在全国乃至全世界的知名度。2019年 12 月，赣州经开区新能源汽车产业集聚区获批省战略性新兴产业集聚区、于都工业园区纺织服装产业创新服务综合体获批省工业园区产业创新服务综合体。目前为止，全市共有 3 个省级战略性新兴产业集聚区、2 个省级产业创新服务综合体。赣州市的大余工业园区有色金属新材料产业集群获批省级重点工业产业集群，全市省级重点工业产业集群增至 12 个。近年来，赣州市着力打好主攻工业攻坚战，坚持实施首位产业战略，突出打造"两城两谷两带"，各地首位产业加速形成壮大，产业集聚度显著提升，涌现出了新能源汽车及配套、稀土稀有金属、现代家具、生物制药、电子信息、纺织服装、玻纤复合材料、氟盐化工等一批特色产业集聚区。

第二节　赣州市工业经济指标

一、工业总产值及其增长率

工业主要是指原料采集与产品加工制造的产业或工程，是社会分工发展的产物，经过手工业、机器大工业、现代工业几个发展阶段。美国和其他一些西方国家，把建筑业与钢铁工业、汽车工业并列为国民经济的三大支柱。

2011~2018 年，赣州市规模以上工业总产值如表 7-1 所示。

由表 7-1 可知，赣州市工业总产值在 2011~2018 年实现从 2000 亿元到 3000 亿元的跃迁，但其增长趋势逐渐放缓。

同时还可以看出，赣州市 2011~2018 年工业总产值逐年攀升，其增长率则呈现"下降—上升—下降—上升"的循环趋势，可以预计在接下来的年份，工业总产值的增长率将呈现先下降后上升的趋势。

表 7-1　赣州市 2011~2018 年工业总产值及其增长率

年份	工业总产值（亿元）	增长率（%）
2011	2030.1	16.47
2012	2178.5	7.31
2013	2606.6	19.65
2014	2998.4	15.03
2015	3199.8	6.72
2016	3541.1	10.67
2017	3540.9	−0.01
2018	3676.5	3.83

二、工业增加值及其增长率

按照经济发展规律而言，区域产业结构变化的趋势起初是第一产业的比重不断下降，第二产业的比重不断上升，第三产业的比重也不断上升；随后包括第一、第二产业的物质生产部门的比重都不同程度下降，第三产业的比重持续上升。目前赣州市第二产业的发展正处于第二阶段——第一、第二产业比重在下降，但是比重下降不等同于发展质量的下降，在《国务院关于支持赣南等原中央苏区振兴发展的若干意见》的政策扶持下，赣州市第二产业正在实现"新旧动能"转换，高新技术产业集群优势明显，因此工业成为了第二产业增值的主导力量。

2011~2018 年赣州市第二产业年增加值、增长率以及规模以上工业增加值增长率如表 7-2 所示。

表 7-2　赣州市 2011~2018 年第二产业年增加值、增长率及规模以上工业增加值增长率

年份	增加值（亿元）	增长率（%）	规模以上工业增加值增长率（%）
2011	631.16	16.1	18.7
2012	696.78	13.7	14.8
2013	763.96	13.0	13.2
2014	843.42	12.2	12.4
2015	870.46	9.8	9.2
2016	936.87	8.9	9.2
2017	1066.65	8.5	9.1
2018	1194.24	8.9	9.5

2011~2018 年，赣州市工业增加值分别为 631.16 亿元、696.78 亿元、763.96 亿元、843.42 亿元、870.46 亿元、936.87 亿元、1066.65 亿元和 1194.24 亿元，从 2011 年到 2018 年增加了 563.08 亿元，增长了 89.21%。赣州市第二产业增加值在逐年增加，究其原因，随着产业升级的更新迭代，高新技术产业正在发展兴起，激发企业的生产增值潜力。在《国务院关于支持赣南等原中央苏区振兴发展的若干意见》的政策扶持下，新能源汽车、高端装备制造、生物制药等战略性新兴产业在赣州市逐步形成产业集群，纺织服装、食品加工、家具等传统制造业加快转型升级，"主攻工业"效应显著。同时可以看出，赣州市第二产业增加值呈现逐年稳步上升趋势，其增长率以及规模以上工业增加值增长率则几乎保持同步下降趋势，说明第二产业增加值及规模以上工业增加值的增长都在放缓，预计在未来几年其增长幅度依旧呈下降趋势。

三、产业结构变动趋势

三次产业在国民经济中以一定比例相配合即形成产业结构。在经济发展过程中，产业结构演进的一般规律表现在三个方面：第一，工业化时期随着经济发展及人均收入水平的逐渐提高，一二三产业结构呈有序变化趋势。第二，工业化过程中，工业内部结构呈有序变化，随着工业化水平不断提高，相继出现重工业化趋势，加工高度化趋势及技术密集化趋势。第三，工业结构演进过程中又表现为各工业部门对各种资源的吸收和依赖程度的变化，形成以劳动密集型产业为主、资金密集型产业为主及技术密集型为主的顺序发展阶段。

2011~2018 年赣州市第二产业、第三产业的比例变化如表 7-3 所示。

由表 7-3 可知，2011~2018 年，第二产业的比例保持在 42% 以上，且呈现下降趋势，第三产业的比例保持在 35% 以上，且呈现逐年上升趋势。在 2011~2018 年产业结构调整过程中，第二产业比例下降，第三产业比例逐年上升，2016 年，赣州市第二产业比例等于第三产业比例，符合产业结构转型升级变化规律。

表 7-3 赣州市 2011~2018 年第二产业、第三产业比例

年份	第二产业比例（%）	第三产业比例（%）
2011	47.2	35.4
2012	46.2	37.1
2013	45.7	38.1
2014	45.7	38.7
2015	44.1	40.9
2016	42.7	42.7
2017	42.2	44.1
2018	42.6	45.3

第三节　赣州市工业结构变化趋势

一、赣州市轻重工业比率及其变化

重工业是为国民经济各部门提供物质技术基础的主要生产资料的工业。重工业与轻工业对应，提供生产资料的部门称为重工业，生产消费资料的部门称为轻工业。重工业包括钢铁工业、冶金工业、机械、能源（电力、石油、煤炭、天然气等）、化学、材料等工业。它为国民经济各部门（包括工业本身）提供原材料、动力、技术装备等劳动资料和劳动对象，是实现社会再生产和扩大再生产的物质基础。一个国家重工业的发展规模和技术水平，是体现其国力的重要标志。

从轻工业到重工业是工业化进程的一般性规律，工业化的完成则以工业重型化为标志。一个国家进入重工业化阶段，既是生产要素积累的结果，又是需求扩张的内在要求。市场经济的运行表明，同以轻工业为主的早期工业化相比较，重工业化在培育和创造内需方面有着特殊的优势。

从表7-4可知，2011~2018年，赣州市重工业和轻工业增长率变化呈现"此长彼消"的趋势，充分证明重工业与轻工业之间互相制约、协调发展的关系。预计在未来几年，重工业遵循增长率先下降后上升，轻工业遵循增长率先上升后下降的变化趋势。轻工业和重工业增长率均整体呈现下降趋势，轻工业在2016年、2017年呈现反常增长趋势，重工业在2018年也出现增长状态。

表7-4　赣州市2011~2018年按轻、重工业分类增长率（比上一年）

年份	轻工业增长率（%）	重工业增长率（%）
2011	19.5	18.3
2012	18.4	13.6
2013	10.8	14.1
2014	9.5	13.6
2015	5.1	11.0

续表

年份	轻工业增长率（%）	重工业增长率（%）
2016	11.0	8.3
2017	16.0	4.5
2018	6.5	11.9

二、工业主体所有制结构特征及其变化

在工业产业发展中，各种所有制主体发展存在差异，具体如表 7-5 所示。

2011~2018 年，赣州市国有企业、私营企业、外商投资及港澳台企业工业总产值增长率下降，股份制企业工业总产值增长率相对较为稳定，集体企业增长率波动起伏最大。国有企业、股份制企业、私营企业、外商投资及港澳台企业增长率保持较为平稳的态势，整体呈现下降趋势，较为突出的是集体企业的增长率曲线，最大值与最小值相差达到 122.8%。集体企业指的是在社会主义制度下，生产资料和产品（或收入）归集体共同所有，由劳动者集体经营的一种经济形式，包括城市、县、街道和农村乡镇兴办的集体工业企业，生产与销售过程比国营工业有较大的灵活性、独立性，多接受国家指导性计划，或采用市场调节手段，适应消费需要，进行自产自销。因此，集体企业更容易受到很多市场因素的影响，导致增长率变化幅度大，难以稳定。

表 7-5　赣州市 2011~2018 年工业总产值按企业类型分类增长率（比上一年）

年份	国有企业增长率（%）	集体企业增长率（%）	股份制企业增长率（%）	私营企业增长率（%）	外商投资及港澳台企业增长率（%）
2011	16.6	−87.0	20.8	20.6	16.1
2012	12.2	23.5	10.4	21.7	15.0
2013	6.3	16.3	14.4	16.3	11.1
2014	9.7	−12.6	12.8	17.8	8.4
2015	3.9	23.2	10.7	13.1	4.2
2016	4.2	17.3	8.7	12.2	7.9
2017	3.1	−17.2	12.4	9.1	3.7
2018	5.3	35.8	10.3	10.9	4.3

三、赣州市工业结构及其变化

（一）采矿业

采矿业指对固体（如煤和矿物）、液体（如原油）或气体（如天然气）等自然产生的矿物的采掘。包括地下或地上采掘、矿井的运行以及一般在矿址或矿址附近从事的旨在加工原材料的所有辅助性工作，还包括使原料得以销售所需的准备工作。具体行业包括煤炭开采和洗选业、石油和天然气开采业、黑色金属矿采选业、有色金属矿采选业、非金属矿采选业以及其他采矿业。

赣州市矿产资源丰富，是全国重点有色金属基地之一，素有"世界钨都""稀土王国"之美誉。截至 2015 年底，全市共发现各类矿产 110 种（含亚种），查明有资源储量的 76 种，列入资源储量表矿产地 435 处（不含铀矿），其中大型 24 处、中型 86 处、小型 325 处。截至 2015 年底，查明资源储量居全省首位的有：黑钨矿、离子型重稀土、离子型轻稀土、萤石、锡矿、钼矿、铋矿、锂辉石、钛铁矿、电气石、锆英石、透闪石、麦饭石、化工用白云岩、电石用石灰岩和地热 16 种；排第二位的有：锆矿、铯矿、锰矿、岩盐、高岭土、滑石、水泥配料用砂岩 7 种；居全省第三的有：水泥用灰岩、铟矿、铷矿、钽矿和长石 5 种。

赣州市优势矿产资源有黑钨矿、离子型稀土矿、萤石、水泥用灰岩、地热、锂辉石、锡、钼和岩盐。近年来铜、铅锌、金银等有色贵金属矿有望获得找矿的重大突破。高岭土、陶瓷土（瓷石）、硅石（粉石英）、饰面用石材等非金属矿产，以及地热、矿泉水等液体矿产的勘查开发正在快速发展，有望成为赣州市矿业经济的另一支柱。

赣州市矿产资源的基本特点表现为五大优势和三大不足。五大优势：一是黑钨矿和离子型稀土矿在全国地位突出，集中形成的矿山产业集群，已成为国家级资源基地；二是萤石、锂辉石、锡、钼、水泥用灰岩、岩盐等矿产大中型矿产地集中分布，且聚集的资源储量大，可以集中勘查开发利用，便于科学合理规划布局，并形成大的资源产业基地；三是高岭土、陶瓷土（瓷石）、硅石（粉石英）、地热、矿泉水等矿产，资源储量增长快，开发潜力大；四是大部分有色、贵金属矿产为易采易选矿床，有利于市场竞争；五是钨、稀土、萤石、高岭土、陶瓷土（瓷石）、硅石（粉石英）等矿产各县（市、区）均有分布，开采技术条件好，有利于开发利用。三大不足：一是大宗用量的矿产资源不足或短缺；二是多数有色金属矿共伴生组分多，综合利用程度低；三是部分矿种小矿多、分布散，贫矿多、富矿少。

截至 2015 年底，全市有效勘查许可证 537 个，其中详查及以上 52 个。勘查区总面积达 3369.46 平方千米，占全市面积的 8.56%。部级发证 47 个，省级发证 486 个。

从表 7-6 可知，赣州市 2011~2018 年规模以上采矿业企业总值分别为 198.12 亿元、236.17 亿元、269.63 亿元、320.86 亿元、342.27 亿元、314.16 亿元、309.12 亿元和 283.26 亿元，8 年内增加了 85.14 亿元，2018 年比 2011 年增长了 42.97%。赣州市规模以上采矿业总产值整体保持上升趋势，但其增速逐渐放缓，2015 年后甚至有所下降。出现这样的情况主要是近几年赣州市政府响应中央"绿色发展"理念，对采矿业进行了规划调整，对整个产业实行"转型升级、科学开发"，关闭了一批效率低、污染重的企业，因此，预计在未来几年内产业总值和增长率会持续下降。

表 7-6　赣州市 2011~2018 年规模以上采矿业总产值及增长率

年份	规模以上采矿业总产值（亿元）	增长率（%）
2011	198.12	6.34
2012	236.17	19.21
2013	269.63	14.17
2014	320.86	19.00
2015	342.27	6.67
2016	314.16	−8.21
2017	309.12	−1.60
2018	283.26	−8.37

从采矿业细分行业来看：2011~2018 年，赣州市煤炭开采和洗选业产值分别为 2.83 亿元、3.27 亿元、3.45 亿元、0.33 亿元、3.09 亿元、2.18 亿元、0.20 亿元和 0.19 亿元；有色金属矿采选业产值分别为 186.34 亿元、194.41 亿元、217.90 亿元、261.39 亿元、265.34 亿元、271.88 亿元、222.71 亿元和 220.56 亿元；非金属矿采选业产值分别为 35.47 亿元、37.48 亿元、48.17 亿元、56.18 亿元、73.84 亿元、83.27 亿元、86.21 亿元和 84.39 亿元。煤矿开采洗选业、有色金属矿采选业及非金属矿采选业的产值均在 2015 年左右达到较高水平，在受到管控后，均保持下降态势，均与采矿业总产值变化趋势保持一致，具体见表 7-7。

表 7-7　赣州市 2011~2018 年采矿业细分行业产值

年份	煤矿开采与洗选业产值（亿元）	有色金属矿采选业产值（亿元）	非金属矿采选业产值（亿元）
2011	2.83	186.34	35.47
2012	3.27	195.41	37.48
2013	3.45	217.90	48.17
2014	0.33	261.39	56.18
2015	3.09	265.34	73.84
2016	2.18	271.88	83.27
2017	0.20	222.71	86.21
2018	0.19	220.56	84.39

赣州市稀土资源和有色金属资源丰富，被誉为"稀土王国"，采矿业也为赣州市经济发展做出了突出贡献，在 2015 年的时候占工业比重约 50%，但是由于以往开采技术落后、生态意识不强，导致资源利用率不高并且对生态环境造成了巨大破坏，政府开始对稀土开发进行管制，实行科学开采。因此可以看到赣州市采矿业总产值从 2015 年以后开始下降，预计在未来几年内采矿业产值和增长率还是呈下降趋势。

（二）制造业

制造业是指机械工业时代对制造资源（物料、能源、设备、工具、资金、技术、信息和人力等），按照市场要求，通过制造过程，转化为可供人们使用和利用的大型工具、工业品与生活消费产品的行业。赣州市发挥产业基础优势，将智能制造作为主攻方向，重点培育新能源汽车及配套、生物制药、电子信息三大战略性新兴产业。目前，赣州市已初步形成以稀土新材料及应用、钨新材料及应用、新能源汽车及其配套、铜铝有色金属、电子信息、食品、家具为主的现代轻纺、氟盐化工、生物制药、新型建材十大产业集群，并呈现出较为强劲的发展势头。

由表 7-8 可知，赣州市 2011~2018 年规模以上制造业企业总值分别为 1763.52 亿元、1869.58 亿元、2251.13 亿元、2581.03 亿元、2769.27 亿元、3141.59 亿元、3164.30 亿元和 3368.42 亿元，8 年内增加了 1604.9 亿元，比 2011 年增长约了 91.0%。

同时可以看出，赣州市制造业增长率曲线（与上一年相比）呈现"下降—上升—下降"的反复变化趋势，且波动幅度较大，预期在未来几年，赣州市制造业总产值增长率将出现"下降—上升"的变化趋势。

表 7-8　赣州市 2011~2018 年制造业总产值及增长率

年份	制造业总产值（亿元）	增长率（%）
2011	1763.52	14.30
2012	1869.58	6.01
2013	2251.13	20.41
2014	2581.03	14.65
2015	2769.27	7.29
2016	3141.59	13.44
2017	3164.30	0.72
2018	3368.42	6.45

（三）电力、热力、燃气及水的生产和供应业

电力、热力、燃气及水的生产和供应业是国民经济基础产业，其中，电力更是国民经济发展的先决条件，涉及能源的供需平衡问题。电力、热力、燃气及水的生产和供应业的稳定发展，是城市化建设的必要保障。随着经济迅速发展，赣州市电力供应不足的问题越来越突出。2016 年 6 月，500 千伏抚州—瑞金输电线路投运送电，标志着赣州市与江西电网打通 500 千伏"双通道"，形成了江西南部 500 千伏环网，大幅提高了赣州电力供应的稳定性和可靠性，极大提升了赣州市供电能力。目前，赣州市围绕构建安全、高效、清洁、可持续的现代能源体系，正在加快推进华能瑞金电厂二期工程、信丰煤电项目等一大批能源建设项目。

2011~2018 年，赣州市规模以上电力、热力、燃气及水的生产和供应业企业总产值分别为 62.09 亿元、72.79 亿元、85.79 亿元、96.49 亿元、101.2 亿元、42.22 亿元、67.47 亿元和 81.41 亿元。8 年内，赣州市电力、热力、燃气及水的生产和供应业波动性大，2015 年达到最高值，2016 年总体产值偏低，2017 年、2018 年产值不断上升，具体如表 7-9 所示。

表 7-9　赣州市 2011~2018 年电力、燃气及水的生产和供应业总产值及增长率

年份	电力、燃气及水的生产和供应业总产值（亿元）	增长率（%）
2011	62.09	—
2012	72.79	17.23
2013	85.79	17.86
2014	96.49	12.47
2015	101.2	4.88
2016	42.22	−58.28
2017	67.47	59.81
2018	81.41	20.66

　　从该行业细分行业来看，2011~2018 年，赣州市电力、热力生产和供应业产值分别为 57.68 亿元、66.84 亿元、77.10 亿元、81.78 亿元、84.06 亿元、23.07 亿元、41.30 亿元和 52.60 亿元；燃气生产和供应业产值分别为 1.98 亿元、2.29 亿元、2.83 亿元、5.10 亿元、5.74 亿元、5.81 亿元、6.69 亿元和 7.27 亿元；水的生产和供应业产值分别为 2.43 亿元、3.66 亿元、5.86 亿元、9.62 亿元、11.38 亿元、13.33 亿元、19.48 亿元和 21.54 亿元。其中，电力、热力生产和供应业规模最大，其次为水的生产和供应业产值，燃气生产和供应业产值保持在较小的数值范围内。电力、热力生产和供应业产值 2015 年到达最高点，2016 年最低，波动性较大。水的生产和燃气产值不断上升，这反映赣州能源结构逐步改善，随着经济发展和城镇化进程的加快，预计在未来几年内电力、燃气及水的生产和供应业产值会呈上升趋势，具体见表 7-10。

表 7-10　赣州市 2011~2018 年电力、燃气及水生产和供应业细分行业产业产值

年份	电力、热力生产和供应业产值（亿元）	燃气生产和供应业产值（亿元）	水的生产和供应业产值（亿元）
2011	57.68	1.98	2.43
2012	66.84	2.29	3.66
2013	77.10	2.83	5.86
2014	81.78	5.10	9.62
2015	84.06	5.74	11.38

续表

年份	电力、热力生产和供应业产值（亿元）	燃气生产和供应业产值（亿元）	水的生产和供应业产值（亿元）
2016	23.07	5.81	13.33
2017	41.30	6.69	19.48
2018	52.60	7.27	21.54

（四）建筑业

建筑业对国民经济其他产业的拉动作用大，据统计，建筑业的固定资产形成占到全社会固定资产形成的 54%，美国和其他一些西方国家，把建筑业作为国民经济中联系各物质生产部门和交通运输部门的生产手段之一，并且把建筑业、钢铁工业和汽车工业并列为国民经济的三大支柱产业。

赣州市 2011~2018 年建筑业总产值分别为 141.3 亿元、157.8 亿元、202.0 亿元、236.6 亿元、267.5 亿元、305.3 亿元、361.2 亿元和 389.6 亿元，8 年增长了 248.3 亿元，增长率达到 175.7%。赣州市建筑业总产值呈现逐年递增的趋势，其增长率呈现"下降—上升—下降"的起伏趋势，预计在未来几年内，建筑业的总产值依旧会保持上升态势，但增长速度较为缓慢，具体见表 7-11。

表 7-11　赣州市 2011~2018 年建筑业总产值及增长率（比上一年）

年份	建筑业总产值（亿元）	增长率（%）
2011	141.3	24.93
2012	157.8	11.68
2013	202.0	28.01
2014	236.6	17.13
2015	267.5	13.06
2016	305.3	14.13
2017	361.2	18.31
2018	389.6	7.86

第四节 赣州市工业细分行业投资

固定资产投资是指投资主体垫付货币或物资，以获得生产经营性或服务性固定资产的过程。固定资产投资包括改造原有固定资产以及构建新增固定资产的投资。固定资产投资在整个社会投资中占据主导地位。本书根据赣州市2011年至2018年的统计年鉴及各年份统计公报，分析赣州市固定资产投资变化趋势，具体如下：

（一）固定资产投资总额及其变化

由表7-12可以看出，2011~2018年赣州市工业固定资产投资增长率分别为23.30%、20.93%、24.87%、14.43%、−6.02%、38.44%、28.99%和20.35%，最高的时候工业固定资产投资对全部投资的贡献率达78.2%，可以看出工业投资在全部投资里占主导地位。

表7-12 2011~2018年赣州市工业固定资产投资额

年份	工业固定资产投资额（亿元）	增长率（%）
2011	359.62	23.30
2012	434.9	20.93
2013	543.06	24.87
2014	621.45	14.43
2015	584.06	−6.02
2016	808.59	38.44
2017	1043.01	28.99
2018	1255.28	20.35

（二）采矿业投资额及其变化

2011~2018年，赣州市采矿业的投资额分别为4.42亿元、11.12亿元、10.73亿元、15.65亿元、10.8亿元、15.09亿元、28.95亿元、31.05亿元，投资额平均值为 15.98 亿元，最高与最低相差 26.63 亿元，分别比上一年相比的平均增长率为 32.2%，增长率最高与最低相差 222.30 %，具体见表 7–13。

表 7–13　赣州市 2011~2018 年采矿业投资额及增长率

年份	采矿业投资额（亿元）	增长率（%）
2011	4.42	−70.7
2012	11.12	151.6
2013	10.73	−3.5
2014	15.65	45.9
2015	10.8	−36.9
2016	15.09	39.8
2017	28.95	91.8
2018	31.05	7.3

同时可以看出，采矿业的投资额和增长率经历了"上升—下降—上升—下降"的曲折过程，预计在未来几年内，采矿业的增长率有所上升，该行业投资额依旧会有所增加。

（三）制造业投资额及其变化

由表 7–14 可知，赣州市 2011~2018 年制造业的投资额分别为 318.87 亿元、402.00 亿元、506.50 亿元、564.12 亿元、514.12 亿元、687.49 亿元、827.34 亿元和 1074.72 亿元，投资额平均值为 617.52 亿元，最高与最低相差 755.85 亿元，分别比上一年相比的平均增长率为 20.6 %，增长率最高与最低相差 42.4%。

同时可以看出，制造业的投资额经历了从增加到减少再到增加的过程，增长率曲线呈现出"V"形趋势，预计在未来几年内，该行业投资额会继续增加，增长率会有所上升。

表 7–14　赣州市 2011~2018 年制造业投资额及增长率

年份	制造业投资额（亿元）	增长率（%）
2011	318.87	20.6
2012	402.00	31.4
2013	506.50	26.0

年份	制造业投资额（亿元）	增长率（%）
2014	564.12	11.4
2015	514.12	−8.7
2016	687.49	33.7
2017	872.34	26.9
2018	1074.72	23.2

（四）电力、燃气及水的生产和供应业投资

由表 7-15 可以看出，赣州市 2011~2018 年电力、燃气及水的生产和供应业的投资额分别为 36.33 亿元、21.78 亿元、25.83 亿元、41.68 亿元、59.14 亿元、106.01 亿元、141.72 亿元和 149.51 亿元，投资额平均值为 72.75 亿元，最高与最低相差 127.73 亿元，分别与上一年相比的平均增长率为 41.04%，增长率最高与最低相差 167.9%。

表 7-15　赣州市 2011~2018 年电力、燃气及水的生产和供应业投资额及增长率

年份	电力、燃气及水的生产和供应业投资额（亿元）	增长率（%）
2011	36.33	127.9
2012	21.78	−40.0
2013	25.83	18.6
2014	41.68	61.4
2015	59.14	41.9
2016	106.01	79.3
2017	141.72	33.7
2018	149.51	5.5

同时可以看出，电力、燃气及水的生产和供应业的投资额是一个持续增加的过程，增长率曲线呈现出"M"形趋势，预计在未来几年内，该行业投资额和增长率会呈上升趋势。

（五）建筑业投资额及其变化

由表 7-16 可以看出，赣州市 2011~2018 建筑业的投资额分别为 130.58

亿元、163.27 亿元、196.62 亿元、230.34 亿元、274.35 亿元、291.24 亿元、309.16 亿元和 318.43 亿元。投资额平均值为 239.25 亿元，最高与最低相差 187.85 亿元，分别比上一年相比的平均增长率为 15.88 %，增长率最高与最低相差 27.0%。

可以看出，建筑业的投资额逐年增加，增长率整体却呈现下降趋势，预计在未来几年内，该行业投资额会有所增加，但是增长率还会持续保持在较低的水平。

表 7-16　赣州市 2011~2018 年建筑业投资额及增长率

年份	建筑业投资额（亿元）	增长率（%）
2011	130.58	30.0
2012	163.27	25.0
2013	196.62	20.4
2014	230.34	17.1
2015	274.35	19.1
2016	291.24	6.2
2017	309.16	6.2
2018	318.43	3.0

第五节　赣州市工业发展面临的挑战

《国务院关于支持赣南等原中央苏区振兴发展的若干意见》出台对赣州市经济发展起到了很大的推动作用，赣州市的工业发展出现"高峰"。但是，2015 年国家开始征收钨矿资源税，同时推行新《中华人民共和国环保法》，对传统资源消耗型产业带来了不小的打击。经济进入新常态，赣州市政府做出了"主攻工业，三年翻番"的战略决策，主攻工业的号角响彻赣南大地，赣州全面实施工业强市战略的氛围骤然浓厚，2016~2018 年工业又逐渐恢复到了 2015 年之前的发展速度，但挑战依然存在，具体分析如下：

一、高新技术产业发展有突破，高质量发展面临挑战

赣州市布局新材料、新能源汽车、生物医药、电子信息等战略性新兴产业，其战略性新兴产业主营业务收入占规模以上工业的比重由 2015 年的 12.7% 提高到 2018 年前三季度的 19.8%。自 2015 年以来，赣州市获批建设智能制造、绿色制造、服务型制造国家级试点示范平台及项目 12 个，国家"两化"融合管理体系贯标试点企业 14 家。全市高新技术企业数量达到 501 家，翻了两番；新建高层次人才产业园 2 个，引进国家高层次专家 27 人；规模以上工业企业数量由 1188 家增加到 1890 家。大数据、物联网、软件服务、工业互联网等新兴产业加快发展，大数据产业园、软件和物联网产业园相继启动建设，中国联通（江西）工业互联网研究院、赣州天翼·华为云计算中心先后建设运营，众服联等工业互联网云平台项目正加紧建设。工业设计等生产性服务业实现从无到有，赣州市级工业设计中心及南康、龙南、于都等一批专业特色工业设计中心相继投入运营。整合智能制造和工业技改专项资金 5000 万元，鼓励支持企业加速向智能制造、绿色制造、服务型制造转型，实施企业上云、机器换人等工程，孚能科技、豪鹏科技、章源钨业、富尔特电子等入选国家试点示范项目，芯片材料企业睿宁新材料获国家技改资金 9000 万元。赣州市在发展经济的同时已经意识到环境就是竞争力，"科技、创新"已经逐渐成为驱动工业发展的新动能。

总体上来说，赣州市吸收的项目规模还相对较低。世界 500 强企业仅有 4 家到赣州市投资。赣州市承接的产业转移以劳动密集型产业和技术含量相对较低的原材料加工业为主，产业低端化，产业链条短且深度低，配套能力不足，难以形成相应的产业集群效应。这些产业主要是利用赣州市丰富的廉价劳动力资源和丰富的钨、稀土等矿产资源，进行矿产品的粗加工，不是对赣州市矿产资源进行深加工。因此，产业技术含量并不高意味着全要素生产率偏低，如何提高自身的高质量发展能力是其面临的重要挑战。

二、积极兴建园区有突破，现代化发展面临阻碍

基于"主攻工业"战略，赣州市上下牢牢树立"项目为王"理念，把项目建设作为主攻工业的核心任务，抓项目、抓招商的势头前所未有。全市上下持续实施招商引资"头号工程"，高密度、高频次举办各类招商推介活动，市县

领导外出招商频率、开展招商活动数量、签约项目金额均创下空前纪录。据统计，仅 2017 年，全市就引进省外 2000 万元以上工业项目 205 个，投资总额 671.32 亿元，比 2015 年增加了 57 个。三年来，全市引进众恒科技园项目、启丰食品（瑞金）科技产业园项目、爱康光伏组件及电池片项目等超百亿元项目 9 个，累计实施市级重大工业项目 659 个。

园区是工业发展的主战场。赣州市围绕完善园区平台多点发力，攻坚基础设施建设，拓展园区发展空间，极大地提升了园区平台支撑能力。章贡、南康、宁都、会昌、安远、大余、全南、信丰 8 个工业园区获批调区扩区，全市工业园区核准面积达到 122.09 平方公里。三年来，全市累计建成标准厂房面积达到 1520 万平方米，超额完成三年建设 1000 万平方米的计划目标。三年来，赣州市工业园区基础设施投入增速连续保持全省第一，投资翻了两番；园区首位产业集中度从 15% 提高到 45%，提高了 30 个百分点；园区单位面积投入产出得到明显提升，亩均投资强度、亩产效益翻了一番。

当前在赣州市内外投资中，第二产业投资额 58.86%，其中制造业又占了绝大部分，第三产业所占比重只有 22.41%。承接的产业集中于制造业，虽然有利于加快赣州的工业化进程，实现由农业经济向现代工业经济的转型，但是工业化的目标要想得以实现，必须要求第三产业跟上工业发展步伐。发达的第三产业能够为工业的发展提供金融、保险、物流、交通仓储、信息等方面的有力支撑。当前相对落后的第三产业制约着赣州承接产业转移和经济的进一步发展。

三、基础设施不断改善，转移载体功能不足

截至 2018 年，全市公路通车里程 31054.92 公里，其中，高速公路（赣州境内）通车里程 1490.26 公里，市内形成"一纵一横"高速铁路、"两纵两横"普速铁路网和"三纵三横六联"高速公路网，实现县县通高速，成为全国"八纵八横"高铁节点城市，机场 2018 年旅客吞吐量突破 162.52 万人次，机场改扩建项目已启动。赣州已初步形成拥有公路、铁路、航空、水运等多种运输方式的交通体系，基本实现与长三角、珠三角、海西三大交通主干线的对接。尽管赣州已实现县县通高速，但基础设施建设整体仍然比较落后，跨省区综合交通运输尚未形成网络，甚至有的县还未通铁路和国道。交通基础设施的不完善制约着赣州市承接产业转移，使赣州市的区位优势未能得到体现。

　　在铁路方面，未来要加快昌吉赣高铁的建设，实现赣州早日跨入"高铁时代"，现在赣州市目前已有七条铁路进入国家的项目规划当中，赣州至广东韶关、赣州至郴州、向塘至瑞金、赣州至株洲、赣州至深圳、赣州至厦门高速铁路正在规划中，要加快这些铁路项目的审批和规划，争取早日构建赣州"井"字形铁路网。航空方面，要加快赣州黄金机场的改扩建工程建设，同时加快对瑞金、龙南两大通勤机场的建设，届时赣州拥有 3 个机场，进一步推进赣州区域性交通枢纽建设。水运方面，应加快目前在建的两个 500 吨码头的建设，提升水运能力。重点建设赣州中心口岸，以两个卫星口岸（龙南和瑞金）为依托，不断完善各项配套设施和服务。进一步打通出海通道，努力实现赣州航空口岸对外开放，形成以公路、铁路运输为骨干，以航空运输为补充的口岸大发展格局。

第八章

抚州市工业振兴发展

第一节　抚州市工业发展态势

抚州市是江西省的一个地级市，是长江中游城市群的重要成员，位于江西省东部。抚州市是国务院确定的海峡西岸经济区 20 个城市之一，是江西省第一个纳入国家战略区域性发展规划的鄱阳湖生态经济区以及原中央苏区重要城市之一。据《产业转移指导目录（2018 年本）》显示，抚州市优先承接发展的产业包括：医药、汽车、钢铁、食品、纺织、机械、轻工等。

2017 年，抚州市新增 2 个省级重点工业产业集群，分别为抚州高新区电子信息产业集群和黎川县陶瓷产业集群，此前，抚州市已有抚州高新区汽车及零部件、崇仁变电设备和金溪香料 3 个省级重点工业产业集群。近年来，抚州全市上下大力植企业之"树"，造产业之"林"，有效地促进了工业总量增大、质量提升，培植出了机电汽车、生物医药、电子信息、食品加工、化工建材、有色金属加工六大主导产业及高新区汽车及零部件、崇仁变电、金溪香料、黎川陶瓷、南城南丰农副产品加工等一批各具县域经济特色的产业集群。

2018 年全年，抚州市六大支柱产业（总计 502 户规模以上企业）工业增加值增速为 11.4%，增加值占全市 GDP 的比重为 15.1%。实现主营业务收入1079.2 亿元，同比增长 15.4%。其中，机电制造产业（共计 142 户规模以上企业）实现主营业务收入 288.7 亿元，同比增长 10.8%；食品加工产业（共计 69户规模以上企业）实现主营业务收入 83.3 亿元，同比增长 2.7%；生物医药产业（共计 32 户规模以上企业）实现主营业务收入 59.6 亿元，同比下降 5.1%；电子信息产业（共计 24 户规模以上企业）实现主营业务收入 38.4 亿元，同比下降 19.2%；化工建材产业（共计 204 户规模以上企业）实现主营业务收入 197.5 亿元，同比增长 2.4%；有色金属加工产业（共计 31 户规模以上企业）实现主营业务收入 411.7 亿元，同比增长 42%。

2019 年 1~10 月抚州市工业经济稳居全省第一方阵。一是工业生产增速全省第二。2019 年 1~10 月，全市规模以上工业增加值同比增长 9.0%，高于全省平均 0.3 个百分点，略低于吉安市 0.1 个百分点，增速全省第二。从 4 月开始连续 7 个月列全省前三。二是支柱产业实现两位数高增长。全市六大支柱产业工业增加值增速同比增长 10.2%，拉动全市规模以上工业增长 6.9 个百分点。其中电子信息业同比增长 16.2%、机电汽车行业同比增长 21.7%。从总量看，六大支柱产业增加值合计占全市工业的 71.4%。三是工业技改投资大幅增长。全市实施工业技改项目 208 个，同比增加 66 个，占工业投资项目总数的 35.6%。工业技改投资增长 42.9%。四是工业运行效益不断攀升，减税降费政策实施效果明显，全市规模以上工业实现利润总额增长 13.3%，增速全省第四。每百元主营业务收入成本 86.29 元，同比降低 2.28 元。五是先行指标预期增长仍强劲。1~10 月，全市工业用电量为 41.68 亿千瓦时，同比增长 16.4%，高于全省平均水平 9.1 个百分点，排全省第二，自 2019 年 3 月开始，全市工业用电增速稳步加速。10 月全市工业用电量为 5.36 亿千瓦时，同比增长 50.9%，排全省第二。

第二节 抚州市工业经济指标

一、工业增加值及其增长率

由表 8-1 可知，抚州市 2011~2018 年的工业增加值分别为 395.61 亿元、435.93 亿元、489.02 亿元、534.89 亿元、549.30 亿元、591.34 亿元、594.59 亿元和 566.00 亿元，从 2011 年到 2018 年增加了 170.39 亿元，增长了 43.07%。

实际上，抚州市工业增加值呈现逐年稳步上升趋势，其增长率以及规模以上工业增加值增长率则几乎同步呈下降趋势，这说明第二产业增加值及规模以上工业增加值的增长都在放缓，预计在未来几年其增长幅度依旧保持下降趋势。

2011~2018 年，抚州市规模以上工业增加值增长率从 2011 年的 13.4% 逐渐下降到 2018 年的 8.0%，分别低于同期规模以上工业 19.6%、9.0% 的增加值增长率。

表 8-1　2011~2018 年抚州市工业增加值（亿元）及其增长

年份	增加值（亿元）	增长率（%）	规模以上工业增加值增长率（%）
2011	395.61	13.4	19.6
2012	435.93	13.3	16.0
2013	489.02	12.9	13.4
2014	534.89	11.1	11.7
2015	549.30	9.2	8.6
2016	591.34	8.9	9.5
2017	594.59	8.4	9.5
2018	566.00	8.0	9.0

二、产业结构及其变化

三次产业在国民经济中以一定比例相配合即形成产业结构。在经济发展过程中，产业结构演进的一般规律表现在三个方面：第一，工业化时期随着经济发展及人均收入水平的逐渐提高，一二三次产业结构呈有序变化。第二，工业化过程中，工业内部结构呈有序变化，随着工业化水平不断提高，相继出现重工业化趋势、加工高度化趋势及技术密集化趋势。第三，工业结构演进过程中又表现为各工业部门对各种资源的吸收和依赖程度的变化，形成以劳动密集型产业为主、资金密集型产业为主及技术密集型为主的顺序发展阶段。

2011~2018 年抚州市第二、第三产业的各年份比例如表 8-2 所示。

由表 8-2 可知，抚州市第二产业比例逐年下降，其比例由 50% 以上降低至 40% 左右，预计未来几年将下降到 40% 以下，第三产业比例则逐年上升，其比例由 20% 以上增加至 40% 以上，预计未来几年将上升到 50% 以上。

2011~2018 年，抚州市产业结构调整过程中，第二产业比例逐年下降，第三产业比例逐年上升，与产业结构转型升级变化规律一致。

表 8-2　2011~2018 年抚州市第二产业、第三产业比例

年份	第二产业比例（%）	第三产业比例（%）
2011	53.3	28.3
2012	52.8	28.8
2013	52.0	30.6
2014	51.6	31.7
2015	49.7	33.8
2016	48.8	34.9
2017	43.9	40.1
2018	41.0	44.6

第三节　抚州市工业结构及其变化

一、抚州轻工业、重工业比率及其变化

由表 8-3 可知，2011~2018 年，抚州市轻工业和重工业增长率均整体呈现下降趋势，轻工业在 2018 年呈现反常增长趋势，重工业在 2017 年也出现增长状态。

同时可以看出，抚州市重工业和轻工业增长率变化也呈现"此长彼消"的趋势，进一步证明重工业与轻工业之间互相制约、协调发展的关系。预计在未来几年，重工业遵循增长率先上升后下降，轻工业遵循增长率先下降后上升的变化趋势。

一般来说，重工业的增长速度要快于轻工业和农业，这是生产资料生产优先增长的一般规律。但是抚州市轻重工业增长率变化缺乏稳定性，没有完全呈现出重工业增长率 > 轻工业增长率的特点，预计未来几年，逐渐向"重工业增长率 > 轻工业增长率"的趋势演化。

表 8-3　抚州市 2011~2018 年按轻工业、重工业分类总产值增长率

年份	轻工业增长率（%）	重工业增长率（%）
2011	32.3	14.5
2012	15.1	16.7
2013	17.3	15.4
2014	17.2	17.4
2015	7.3	6.6
2016	7.8	8.5
2017	3.5	28.6
2018	13.6	2.7

二、工业主体所有制结构及其变化

2011~2018 年，抚州市国有企业、集体企业、股份制企业、外商投资及港澳台企业工业总产值增长率下降，私营企业工业总产值增长率保持增长趋势，具体见表 8-4。

表 8-4　抚州市 2011~2018 年按企业类型分类增长率（比上一年）

年份	国有企业增长率（%）	集体企业增长率（%）	股份制企业增长率（%）	私营企业增长率（%）	外商投资及港澳台企业增长率（%）
2011	15.7	16.7	23.2	6.3	16.8
2012	16.8	−20.4	31.1	0.2	13.2
2013	5.0	3.3	15.8	5.7	2.2
2014	10.8	12.5	15.04	4.6	0.6
2015	7.9	5.2	8.7	6.3	2.3
2016	10	4.7	5.5	93.5	48.8
2017	13.7	4.1	12.7	17.5	8.0
2018	−29.4	8.6	6.3	23.44	−12.74

三、工业内部结构及其变化

（一）采矿业

抚州市矿产资源包括有色金属（含贵金属）、稀有金属、黑色金属、稀土、

瓷土、建筑材料及冶金辅助矿产等，以稀有金属铀、有色金属铜、瓷土矿和建筑材料矿产为优势。已发现金属矿产 20 多种，非金属矿产 30 多种。其中已查明资源储量的矿床 265 处，内有大型矿床 3 处、中型 9 处、小型 253 处。已开采利用的有铀、铜、金、钨、铁、稀土、煤、瓷土、萤石、矿泉水、地热水、建筑材料矿产等。

从已经勘查和开发的情况来看，抚州市内矿产资源分布特点有：原矿品种多样，金属矿产、非金属矿产、能源矿产和水气矿产都有发现；金属矿产以金、铜、钨为主，非金属矿产一般品位偏低（如水泥用灰岩、钾长石、硫铁矿等），或选矿工艺较复杂（如石墨矿）；赋存形态多样，有单一矿产，也有共生矿产、伴生矿产，如铜矿一般伴生金、银、铅、锌等多种元素，石墨矿伴生五氧化二钒等；沉积类矿产较少，至今没有发现石油、天然气、煤层气、油页岩等矿产，煤炭资源储量也不丰富；主要矿产资源储量分布相对集中，如乐安县的铀矿、东乡县的铜矿、临川区的金矿等，其余矿产大都呈分散分布，规模以小型为主；陶瓷工业原料矿产丰富，且相对集中，主要分布于黎川县、临川区、东乡县等地；饰面用花岗岩分布广泛，主要分布于资溪县、乐安县、崇仁县，具有较好的找矿和石材开发远景。

2011~2018 年，抚州市采矿业总产值及其增长率如表 8-5 所示。

由表 8-5 可知，抚州市 2011~2018 年规模以上采矿业企业总值分别为 3.8 亿元、5.2 亿元、1.4 亿元、12.9 亿元、10.7 亿元、11.7 亿元、5.9 亿元和 4.3 亿元，采矿业总产值在 2014 年达到峰值，各个年份的增长率波动幅度较大。总体来看，采矿业总产值和增长率均呈现"先增后减"的变化趋势。近几年中央提倡"绿色发展"理念，对采矿业进行了规划调整，对整个产业实行"转型升级、科学开发"，关闭了一批效率低、污染重的企业，因此，预计在未来几年产业总值和增长率会持续下降。

表 8-5　抚州市 2011~2018 年采矿业总产值、增长率

年份	采矿业总产值（亿元）	增长率（%）
2011	3.8	46.2
2012	5.2	36.8
2013	1.4	−73.1
2014	12.9	821.4
2015	10.7	−17.1

续表

年份	采矿业总产值（亿元）	增长率（%）
2016	11.7	9.3
2017	5.9	−49.6
2018	4.3	−27.1

（二）制造业

生物医药、汽车及零配件、新能源新材料、现代信息四大产业为抚州市主导产业，相继建成了1个国家级高新技术产业园、10个省级产业基地、5个省级重点产业集群、1个国家级创新型产业集群试点、1个省级智能制造基地、1个国家新型工业化产业示范基地、1个国家知识产权试点园区等区域品牌。

根据表8-6可知，2011~2018年，抚州市制造业总产值分别为1057.4亿元、1097.4亿元、1244.2亿元、1423.8亿元、1525.0亿元、1651.7亿元、1640.4亿元、1467.2亿元，工业总产值在2016年达到峰值，最高增长率达到14.4%。

表8-6 抚州市2011~2018年制造业总产值及其增长率

年份	制造业总产值（亿元）	增长率（%）
2011	1057.4	9.6
2012	1097.4	3.8
2013	1244.2	13.4
2014	1423.8	14.4
2015	1525.0	7.1
2016	1651.7	8.3
2017	1640.4	−0.7
2018	1467.2	−10.6

抚州市工业总产值的变化趋势呈现"先增后减"的趋势，其增长率波动幅度也较大，在2018年减小为负值，预期在未来几年，制造业总产值增长率会有所回升，制造业总产值有所增加。以江西大乘汽车科技产业园为代表，2018年末，大乘汽车整车批量下线，犹如新引擎，给抚州市高新区的产业发展升级更增强动力。令人印象深刻的是，短短13个月内，大乘汽车50

万平方米的新工厂平地起高楼，转眼间，一个全面覆盖乘用车、商用车、传统燃油车和新能源汽车以及关键零部件，集研发、生产、销售为一体的复合型、高科技产业园区便正式投产了。大乘汽车创造了汽车制造行业的发展新速度。

"大乘速度"令人惊叹，也反映出了抚州高新区围绕"1+3"产业格局大干快上的奋进精神。2018 年以来，该区紧盯打造"高端、创新、绿色、智慧"高新区的目标，走出了一条"1+3"现代化经济体系下的高质量发展之路，成功迈入国家高新区前 100 名，获省内首个"江西省新型工业化产业（数字经济）基地"称号，财政总收入首次迈上 20 亿元新台阶。

（三）电力、燃气及水的生产和供应业

能源是人民生活建立的基础，其中电力的影响更是重中之重。电力、燃气及水的生产和供应业是国民经济基础产业，其中，电力更是国民经济发展的先决条件，涉及能源的供需平衡问题。电力、燃气及水的生产和供应业的稳定发展，是城市化建设的必要保障。

由表 8-7 可知，抚州市 2011~2018 年电力、燃气及水的生产和供应业企业总值分别为 1.6 亿元、1.9 亿元、2.4 亿元、27.4 亿元、28.9 亿元、31.0 亿元、45.1 亿元和 48.6 亿元，在 2014 年增长率达到峰值，呈现十倍增长的增长率。

抚州市电力、燃气及水的生产和供应业总产值一直保持增长态势，除2014 年外，其他年份的增长较为平缓，预计未来几年依旧会保持较为平稳的增长趋势，电力、燃气及水的生产和供应业总产值保持缓慢增加。

表 8-7　抚州市 2011~2018 年电力、燃气及水的生产和供应业总产值及增长率

年份	电力、燃气及水的生产和供应业总产值（亿元）	增长率（%）
2011	1.6	23.1
2012	1.9	18.8
2013	2.4	26.3
2014	27.4	1041.7
2015	28.9	5.5
2016	31.0	7.7
2017	45.1	45.5
2018	48.6	7.8

（四）建筑业

2011~2018 年，抚州市建筑业总产值分别为 114.53 亿元、140.51 亿元、207.72 亿元、251.34 亿元、293.65 亿元、349.75 亿元、406.4 亿元和 427.09 亿元。建筑业总产值呈现逐年递增的趋势，其增长率总体呈现增长趋势，预计在未来几年，建筑业的总产值依旧会保持上升态势，但增长速度较为缓慢。

表 8-8　抚州市 2011~2018 年建筑业总产值及增长率（比上一年）

年份	建筑业总产值（亿元）	总产值增长率（%）	建筑业增加值（亿元）	增加值增长率（%）
2011	114.53	12.3	66.28	10.8
2012	140.51	22.7	73.0	10.1
2013	207.72	47.8	80.99	11.0
2014	251.34	21.0	91.54	13.0
2015	293.65	16.8	99.4	8.6
2016	349.75	19.1	106.93	7.6
2017	406.4	16.2	122.64	14.7
2018	427.09	5.1	141.06	15.0

第四节　抚州市工业投资

本书根据抚州市 2011~2018 年的统计年鉴及各年份统计公报，选取了采矿业及其子行业有色金属矿采选业，制造业及其子行业家具制造业和电器机械及器材制造业，电力、燃气及水的生产和供应业及其子行业电力、热力的生产和供应业、水的生产和供应业等行业的相关投资数据进行分析，具体如下：

一、抚州市工业固定投资总额及其变化

由表 8-9 可知，2011~2018 年，抚州市第二产业固定资产投资增长率分别为 11.5%、36.0%、15.3%、12.8%、11.7%、0.7%、14.7% 和 10.3%，第二产业固定资产投资额保持上升趋势，其增长率呈现"上升—下降—上升—下降"的曲

折变化态势，预计在未来几年，第二产业投资额仍保持上升态势，且投资额增长率有所上升。

表 8-9 抚州市 2011~2018 年第二产业固定资产投资额

年份	第二产业固定资产投资额（亿元）	第二产业固定资产投资增长率（%）
2011	316.80	11.5
2012	430.86	36.0
2013	496.99	15.3
2014	560.70	12.8
2015	626.43	11.7
2016	630.62	0.7
2017	723.38	14.7
2018	797.99	10.3

由表 8-10 可知，2011~2018 年，抚州市的工业固定资产投资额逐年增长，增长幅度达到 505.4 亿元。最高的时候第二产业投资对全部投资的贡献率达 79.1%，可以看出工业投资在全部投资里占主导地位。抚州市工业固定资产投资额逐年增加，其增长率波动幅度较大，整体呈现"上升—下降—上升—下降"的变化趋势，预计在未来几年，抚州市工业固定资产投资额依旧会保持上升态势，其增长率也会有所上升。

表 8-10 抚州市 2011~2018 年工业固定资产投资额

年份	工业固定资产投资额（亿元）	增长率（%）
2011	303.4	6.87
2012	383.2	26.30
2013	494.2	28.97
2014	541.9	9.65
2015	618.6	14.15
2016	629.6	1.78
2017	721.5	14.60
2018	808.8	12.10

二、抚州市采矿业固定投资及其变化

由表 8-11 可知，抚州市 2011~2018 年采矿业的投资额分别为 7.8 亿元、11.2 亿元、16.3 亿元、13.2 亿元、19.4 亿元、18.1 亿元、13.4 亿元、12.8 亿元，各个年份具体统计数据见表 8-11。从表 8-11 中还可以看出，采矿业的投资额和增长率经历了"增加—减少—增加—减少"的曲折过程，预计在未来几年，该行业投资额会有所增加。

此外，2011~2018 年，抚州市采矿业投资额的变化起伏不定，呈现"增加—减少—增加—减少"的变化趋势，其增长率与投资额的变化保持相同的变化趋势，预计在未来几年，抚州市采矿业的投资额将会出现"增加—减少"的变化趋势，增长率会先上升后下降。

表 8-11　抚州市 2011~2018 年采矿业投资额及增长率

年份	采矿业投资额（亿元）	增长率（%）
2011	7.8	23.81
2012	11.2	43.59
2013	16.3	45.54
2014	13.2	−19.02
2015	19.4	46.97
2016	18.1	−6.70
2017	13.4	−25.97
2018	12.8	−4.48

三、抚州市制造业投资及其变化

由表 8-12 可知，抚州市 2011~2018 年制造业的投资额分别为 282.2 亿元、355.7 亿元、454.8 亿元、483.3 亿元、544.7 亿元、530.2 亿元、620.3 亿元和 692.6 亿元，保持增长的态势，其增长率变化幅度较大。

此外，抚州市的制造业投资额经历了从增加到小幅减少再到大幅增加的过程，预计在未来几年内，该行业投资额将会继续增加，增长率会有所上升。

表 8-12 抚州市 2011~2018 年制造业投资额及增长率

年份	制造业投资额（亿元）	增长率（%）
2011	282.2	5.30
2012	355.7	26.05
2013	454.8	27.86
2014	483.3	6.27
2015	544.7	12.70
2016	530.2	-2.66
2017	620.3	16.99
2018	692.6	11.66

四、抚州市电力、燃气及水的生产和供应业投资

由表 8-13 可知，抚州市 2011~2018 年电力、燃气及水的生产和供应业的投资额分别为 13.4 亿元、17.3 亿元、23.7 亿元、45.3 亿元、54.5 亿元、81.3 亿元、87.8 亿元和 103.4 亿元，整体保持逐年上升的态势，其增长率变化波动较大。

抚州市电力、燃气及水的生产和供应业的投资额是一个持续增加的过程，尤其是在 2014 年后，增长趋势愈发明显，实现突变。预计在未来几年内，该行业投资额会呈上升趋势，但增长速度依旧相对缓慢。

表 8-13 抚州市 2011~2018 年电力、燃气及水的生产和供应业投资额及增长率

年份	电力、燃气及水的生产和供应业投资额（亿元）	增长率（%）
2011	13.4	38.14
2012	17.3	29.10
2013	23.7	36.99
2014	45.3	91.14
2015	54.5	20.31
2016	81.3	49.17
2017	87.8	8.00
2018	103.4	17.77

五、抚州市建筑业投资及其变化

由表 8-14 可知，抚州市 2011~2018 建筑业的投资额分别为 83.9 亿元、66.1 亿元、81.4 亿元、98.9 亿元、110.0 亿元、111.6 亿元、119.1 亿元和 143.5 亿元，投资额平均值为 101.8 亿元，最高与最低相差 77.4 亿元，比上一年相比的平均增长率为 9.25%，增长率最高与最低相差 44.3%。

表 8-14 抚州市 2011~2018 年建筑业投资额及增长率

年份	建筑业投资额（亿元）	增长率（%）
2011	83.9	10.8
2012	66.1	−21.2
2013	81.4	23.1
2014	98.9	21.5
2015	110.0	11.2
2016	111.6	1.5
2017	119.1	6.7
2018	143.5	20.5

实际上，抚州市建筑业的投资额不断增加，增长率呈现"W"变化趋势，在 2013 年增长率达到最大值，预计在未来几年内，该行业投资额会有所增加，但是增长率依旧比较低。

第五节 抚州市工业发展面临的挑战

一、宏观经济环境复杂多变导致发展不确定性增大

"十三五"规划期间，国际国内发展环境依然复杂，不稳定和不确定因素增加，尤其是全球经济及其政策加速分化，影响和制约着我国产业转型升级及开放型经济发展。特别是美联储加息、欧元区量化宽松政策和乌克兰地缘政治危机等，可能对我国经济造成不利影响。同时，我国经济正处在增长速度换

挡、结构调整阵痛和前期刺激政策消化的"三期叠加"阶段，经济下行压力还在加大。随之而来的是传统产业、企业出现结构性衰退，区域经济竞争压力进一步加剧。这些都将给抚州市参与国际国内分工与合作带来较大挑战。

二、资源环境约束日益趋紧制约跨越发展

抚州市工业目前依然以低端传统产业为主，尽管六大重点产业中机电制造、有色金属产业等经过改造提升，对生态环境的影响有所减少，但化工建材等产业规模以上企业上百家，对生态环境影响较大。随着工业化进程加快和产品消费结构升级，能源需求呈刚性增长，受资源保障能力和环境容量制约，抚州工业经济发展面临的资源环境瓶颈约束将更加突出，节能减排和环境治理工作难度将不断加大。

三、传统动力不断减弱制约高质量发展

抚州市作为工业欠发达地区，工业总体落后面貌没有根本改变，规模以上工业增加值在全省比重始终在 5% 左右徘徊，具有较强竞争力的工业企业极少，这集中体现在企业出口仍然主要分布于传统产业与高技术产业的低端环节，壮大总量和转型升级任务十分繁重。当前，在我国进一步提升工业在全球价值链中地位的背景下，抚州市工业企业的发展将进一步面临国际国内发达地区的高端挤压和低端竞争，如果不能通过生产效率提升逐步消化成本上涨压力，寻找到新的发展动力，抚州市的工业竞争力将面临严峻的挑战。

第九章

吉安市工业振兴发展

第一节　吉安市工业发展态势

吉安，古称庐陵、吉州，元初取"吉泰民安"之意改称吉安，江西省地级市，长江中游城市群重要成员，位于江西省中部，赣江中游，西接湖南省，南揽罗霄山脉中段，富饶的吉泰平原，是江西建制最早的古郡之一，是赣文化发源地之一。据《产业转移指导目录（2018 年本）》显示，吉安市优先承接发展的产业包括：电子信息、医药、食品、纺织、建材、轻工等。

对标省"2+6+N"产业规划，吉安市制定《吉安市"1+4+N"产业高质量跨越式发展倍增计划》，构建具有吉安特色现代化产业体系。

一是全力做强首位产业。坚持"点线面体网"思维，聚焦细分行业营造优势，实施电子信息首位产业"三年倍增计划"，实行全域化布局、全链条推进、全过程服务、全要素保障，实现首位产业首要支持首先发展，着力在全省京九电子信息产业带建设中打造特色，全市电子信息产业集聚规模以上企业 323 家，2019 年 1~10 月营收 1076.76 亿元，6 个百亿元细分集群有 3 个突破 200 亿元，预计全年可实现营收 1400 亿元；全市有 18 项企业单项产品市场占有率居全国行业前十位。

二是着力做大四个主导产业。大健康产业以生物医药制造为核心，建立行业分类统计口径，推动一二三产业联动同步发展，构建以"种"为基础、"产"为支撑、"养"为配套的融合式产业集群，峡江县医药产业获批省级新型工业化基地，2019 年 1~11 月，全市实现营业收入 640 亿元，预计全年实现营业收入 700 亿元，增长 20%，到 2020 年着力打造为全市第二个千亿元产业。推进绿色食品精深加工、新型材料向高附加值转变、制造业向"制造＋服务"提升，启动编制全市农机装备产业发展规划，建设"智能农机制造基地"。

三是大力做实新兴产业。培育壮大通用航空、物联网、5G等新动能新产业，尤其是抢抓5G产业发展先机，出台《2019年吉安市5G发展工作要点》，组织摩比通讯等5家企业申报5G产业及应用项目，大力扶持合力泰、红板等企业快速布局5G关键器件、智能终端等产品。对接省5G产业调研组，促成本地企业与华为、中兴等知名企业合作。同时，有序推进新干石化产业优化升级省级试点，巩固提升打击"地条钢"等去产能成果，助力全市产业体系整体跃升。

2019年以来，吉安市纵深推进工业强市核心战略，迈出了工业可持续高质量跨越式发展的新步伐。2019年1~11月，全市规模以上工业增加值增速全省第二，立讯智造成为全市第二家百亿元企业，海能实业成为本土企业境内A股上市公司第一家，立景创新成为全省首个开工的百亿元项目，吉安市开发区"一区四园"改革成为全省典型。

第二节　吉安市工业经济指标

工业兴则经济兴。近年来，吉安市坚持企业主体、政府主导的思路推进企业创新，走出了一条属于自己的创新之路，诞生了国内第一张可录蓝光光盘、研发了全球第一块自动消眩的液晶汽车后视镜、组装了"神九""神十"航天飞船通信送受话器组等，科技创新正支撑引领吉安工业高质量发展。

一、工业增加值及其增长率

由表9-1可知，吉安市2011~2018年的第二产业增加值分别为466.07亿元、520.44亿元、575.71亿元、635.04亿元、657.38亿元、708.96亿元、727.19亿元和790.05亿元，从2011年到2018年增加了323.98亿元，增长了69.51%。

第二产业增加值增长率从2011年的15.3%逐渐下降到2018年的8.9%，分别低于同等情况下规模以上工业19.2%、9.4%的增加值增长率。规模以上工业增加值的增长率水平都比第二产业增长率高，这说明规模以上企业对于工业产值的增加做出的主要贡献较大，但其增长率逐渐趋向平稳。吉安市大力构建以电子信息首位产业为引领，绿色食品、生物医药大健康、装备制造、新能源新材料产业为支撑、具有吉安特色的"1+4"新型产业体系，成为吉安制造的重点。

表 9-1　2011~2018 年吉安市第二产业增加值及其增长率

年份	增加值（亿元）	增长率（%）	规模以上工业增加值增长率（%）
2011	466.07	15.3	19.2
2012	520.44	15.0	15.6
2013	575.71	13.3	13.8
2014	635.04	11.7	12.5
2015	657.38	10.0	9.8
2016	708.96	9.1	9.4
2017	727.19	8.6	9.2
2018	790.05	8.9	9.4

由图 9-1 可以看出，2011~2018 年，吉安市第二产业增加值在逐年增加，预计在未来几年依旧会保持上升态势。

图 9-1　2011~2018 年吉安市第二产业增加值

二、工业总产值及其增长率

2011~2018 年，吉安市工业总产值不断上升，由 2011 年的 2031.20 亿元上升至 2018 年的 3744.29 亿元。其增长率波动性较大，2012 年和 2014 年增长率超 10%，但 2013 年增长率只有 5.92%，2017 年为 3.73%，其增长率呈现"下降—上升—下降—上升"的曲折变化趋势，预计在未来几年，工业总产值依旧保持增加态势，并且增长率会有所下降。

表 9-2　吉安市 2011~2018 年工业总产值及增长率

年份	工业总产值（亿元）	增长率（%）
2011	2031.20	—
2012	2303.64	13.41
2013	2440.12	5.92
2014	2774.74	13.71
2015	3015.07	8.66
2016	3281.74	8.84
2017	3404.30	3.73
2018	3744.29	9.99

三、产业结构及其变动

三次产业在国民经济中以一定比例相配合即形成产业结构。在经济发展过程中，产业结构演进的一般规律表现在三个方面：第一，工业化时期随着经济发展及人均收入水平的逐渐提高，一二三次产业结构呈有序变化趋势。第二，工业化过程中，工业内部结构呈有序变化趋势，随着工业化水平提高，相继出现重工业化趋势、加工高度化趋势及技术密集化趋势。第三，工业结构演进过程中又表现为各工业部门对各种资源的吸收和依赖程度的变化，形成以劳动密集型产业为主、资金密集型产业为主及技术密集型为主的顺序发展阶段。

由表 9-3 可知，2011~2018 年，第二产业比例从 50% 以上下降到 40% 以上，第三产业比例由 20% 以上增加到 40% 以上，预计未来几年第二产业比例将会下降至 40% 以下，第三产业比例会上升至 50% 以上。

表 9-3　2011~2018 年吉安市第二产业和第三产业比例

年份	第二产业比例（％）	第三产业比例（％）
2011	53.02	27.66
2012	51.72	30.32
2013	51.22	31.24
2014	51.1	32.1
2015	49.48	34.15
2016	48.5	35.5
2017	44.5	40.6
2018	45.4	42.7

　　吉安市在 2011~2018 年产业结构调整过程中，第二产业比例逐年下降，第三产业比例逐年上升，二、三产业占比逐渐趋近，虽然在 2011~2018 年还未出现第三产业比例超过第二产业比例的交点，但是在 2018 年两者仅相差 2.7%，预计交点很快就会出现。

第三节　吉安市工业结构及其优化

一、吉安市轻工业、重工业结构及其变化

　　工业化中后期，重工业的增长速度一般要快于轻工业和农业，这是生产资料生产优先增长的一般规律。由表 9-4 可知，轻工业和重工业的增长率都呈现下降趋势，均从 50% 以上下降至 10% 左右，预计未来几年，两者还会有所下降。

　　但是，吉安市轻工业、重工业增长率变化缺乏稳定性，没有完全呈现出重工业增长率＞轻工业增长率的特点，在 2014 年后，才开始遵循"重工业增长率＞轻工业增长率"的经济规律，预计未来几年，"重工业增长率＞轻工业增长率"的趋势将越来越明显。

表 9-4　吉安市 2011~2018 年按轻工业、重工业分类增长率（比上一年）

年份	轻工业增长率（%）	重工业增长率（%）
2011	51.7	52.5
2012	20.8	13.0
2013	27.4	10.3
2014	20.6	20.1
2015	7.3	15.1
2016	10.0	9.8
2017	11.1	17.4
2018	12.0	18.1

抚州市重工业和轻工业增长率变化也呈现"此长彼消"的趋势，进一步证明重工业与轻工业之间互相制约、协调发展的关系。电子信息产业一直是该市的战略性、支柱性、主导型产业。2012 年以来，该市确立了打造全国有影响力的电子信息产业示范基地目标，编制了全市第一个工业产业专项规划《吉安市电子信息产业发展规划（2013—2020）》，明确全市电子信息产业的发展方向、发展重点和重要举措，积极壮大电子信息产业。装备制造业属于重工业，是带动产业发展的核心动力和支撑国民经济发展的重要基石。吉安市装备制造业形成了数控机床、新能源汽车配件、中高压精密液压元件及部件、风电机组、电线电缆及发配电设备为主导产品的产业体系，拥有杰克机床、瑞鹏飞、新界机电、江液股份等一批骨干企业。

二、吉安市采矿业发展

吉安市地下矿藏众多，主要有煤、铁、钨、钼、镍、铌、钽、铍、沙金、耐火黏土、泥炭、锰、钾、稀土、白泥、萤石、花岗石、大理石、粉石英等 50 多种。有开采价值的矿点 400 多处。还有金、银、铀、钴、锡、铂、重晶石、温泉等矿种。钨矿储量仅次于赣南位居全省第二。花岗岩资源颇为丰富，且结构均匀、质地坚实、品种多样，花色有桃红、赤红、墨绿玉、墨玉、翡翠玉等 17 种，储量 9 亿多立方米。大理石储量达 2 亿立方米，矿体裸露、矿石纯净细腻，晶莹如玉，质润坚韧，经火耐磨，颜色有白、红、青、绿、黑数种。萤石、陶玉、瓷土、岩盐矿、钾盐矿、石膏等矿，品位高、杂质少、储量均在 5000 万吨以上。泥炭资源是本地一大优势矿种，是一个有开采价值的矿种。境内最近在安福、吉水两县发现一批新矿产，其中吉水县邱陂乡坝背村发现的优质天然矿泉水含有 20 多种有益于人体健康的微量元素和化学元素，属低矿化被低钠富含偏硅酸重碳酸镁钙型矿泉水，可建一个年产 3000~10000 吨规模的矿泉水厂。安福县的新矿产，其矿中含锂瓷石、钴矿泉水，此矿属于省内首次发现，有较高开采和利用价值。

吉安市 2011~2018 年规模以上采矿业企业总值分别为 111.21 亿元、116.83 亿元、126.06 亿元、130.54 亿元、126.87 亿元、118.58 亿元、116.34 亿元和 103.40 亿元，各年份具体数据见表 9-5。为响应中央"绿色发展"理念，吉安市对采矿业进行了规划调整，对整个产业实行"转型升级、科学开发"，在 2014 年以后，吉安市采矿业总产值和增长率都呈现下降趋势，因此，预计在未来几年内产业总值和增长率会持续下降。

2011~2018 年，吉安市规模以上采矿业总产值在 2014 年达到峰值。

表 9-5 吉安市 2011~2018 年规模以上采矿业总产值及增长率

年份	规模以上采矿业总产值（亿元）	增长率（%）
2011	111.21	6.30
2012	116.83	5.05
2013	126.06	7.90
2014	130.54	3.55
2015	126.87	−2.81
2016	118.58	−6.53
2017	116.34	−1.89
2018	103.40	−11.12

三、吉安市制造业发展

由表 9-6 可以看出，吉安市 2011~2018 年规模以上制造业企业总产值分别为 1641.00 亿元、1901.73 亿元、2284.31 亿元、2565.46 亿元、2809.73 亿元、3113.96 亿元、3243.12 亿元和 3552.74 亿元，整体保持增长趋势。

总体上，吉安市制造业总产值保持逐年上升态势，增长率曲线（与上一年相比）呈现"下降—上升"的反复变化趋势，预计在未来几年，吉安市制造业总产值继续稳步上升，其增长率有小幅下降。

表 9-6　吉安市 2011~2018 年规模以上制造业总产值及增长率

年份	制造业总产值（亿元）	增长率（%）
2011	1641.00	21.13
2012	1901.73	15.89
2013	2284.31	20.12
2014	2565.46	12.31
2015	2809.73	9.52
2016	3113.96	10.83
2017	3243.12	4.15
2018	3552.74	9.55

四、吉安市电力、燃气及水的生产和供应业

由表 9-7 可以看出，吉安市 2011~2018 年电力、燃气及水的生产和供应业企业总产值分别为 18.26 亿元、24.41 亿元、29.75 亿元、78.7 亿元、78.5 亿元、49.2 亿元、44.84 亿元和 88.15 亿元。

总体上，吉安市电力、燃气及水的生产和供应业总产值呈现"增—减—增"的变化趋势，增长率曲线波动较大，预计未来几年，电力、燃气及水的生产和供应业总产值保持上升态势，但其增长速度较为缓慢。

表 9-7　吉安市 2011~2018 年电力、燃气及水的生产和供应业总产值及增长率

年份	电力、燃气及水的生产和供应业总产值（亿元）	增长率（%）
2011	18.26	29.82
2012	24.41	33.68
2013	29.75	21.88
2014	78.7	164.54
2015	78.5	-0.25
2016	49.2	-37.32
2017	44.84	-8.86
2018	88.15	96.59

五、吉安市建筑业发展

由表 9-8 可以看出，吉安市 2011~2018 年建筑业增加值分别为 61.62 亿元、72.86 亿元、81.04 亿元、92.72 亿元、101.71 亿元、110.82 亿元、127.72 亿元和 147.92 亿元。

总体上，吉安市建筑业总产值呈现逐年递增的趋势，其增长率呈现"增长—下降—增长"的起伏趋势，预计在未来几年，建筑业的总产值依旧会保持上升态势，且增长速度有所上升。

表 9-8　吉安市 2011~2018 年建筑业增加值及增长率（比上一年）

年份	建筑业增加值（亿元）	增长率（％）
2011	61.62	3.9
2012	72.86	16.8
2013	81.04	10.8
2014	92.72	12.1
2015	101.71	15.0
2016	110.82	8.6
2017	127.72	6.1
2018	147.92	6.6

第四节　吉安市工业投资

本书根据吉安市 2011~2018 年的统计年鉴及各年份统计公报，选取了采矿业及其子行业有色金属矿采选业，制造业及其子行业家具制造业和电器机械及器材制造业，电力、燃气及水的生产和供应业及其子行业电力、热力的生产和供应业、水的生产和供应业等行业的相关投资数据进行分析。

一、吉安市工业固定资产投资及其增长率

由表 9-9 可知，吉安市 2011~2018 年第二产业固定资产投资额增长率分

别为 38.7%、29.5%、2.4%、14.3%、13.9%、18.3%、16.5% 和 17.0%，第二产业投资额的增长率保持在相对稳定的水平，第二产业的固定资产投资额逐年攀升，从 2011 年到 2018 年实现将近三倍增长。

吉安市工业投资整体呈现上升趋势，增长率大多保持在 15% 以上，预计在未来几年，将继续保持平稳增加的态势。

表 9-9　2011~2018 年吉安市第二产业固定资产投资额及增长率

年份	第二产业固定资产投资额（亿元）	第二产业固定资产投资额增长率（%）
2011	535.65	38.7
2012	693.51	29.5
2013	676.61	2.4
2014	773.61	14.3
2015	880.69	13.9
2016	1041.72	18.3
2017	1213.96	16.5
2018	1420.33	17.0

二、吉安市采矿业投资及其增长

吉安市 2011~2018 年采矿业的投资额分别为 48.3 亿元、42.6 亿元、57.3 亿元、49.1 亿元、20.2 亿元、13.0 亿元、15.1 亿元和 13.3 亿元，整体呈现逐年减少趋势，具体见表 9-10。

总体来看，吉安市采矿业投资额不断减少，采矿业投资额增长率却经历了"减少—增加—减少"的曲折过程，并从 2014 年开始持续出现负增长，预计在未来几年，该行业投资额还会继续减少。

表 9-10　吉安市 2011~2018 年采矿业投资额及增长率

年份	采矿业投资额（亿元）	增长率（%）
2011	48.3	31.60
2012	42.6	−11.80
2013	57.3	34.51
2014	49.1	−14.31

续表

年份	采矿业投资额（亿元）	增长率（%）
2015	20.2	−58.86
2016	13.0	−35.64
2017	15.1	16.15
2018	13.3	−11.92

三、吉安市制造业投资

吉安市 2011~2018 年制造业的投资额分别为 420.1 亿元、641.6 亿元、635.5 亿元、671.8 亿元、789.0 亿元、928.9 亿元、1104.2 亿元和 1319.8 亿元，从 2011 年到 2018 年增长了 899.7 亿元，增长率达到 214.2%，具体见表 9–11 所示。

总体来看，吉安市制造业的投资额保持增长态势，增长率曲线呈现出"V"形趋势，预计在未来几年内，该行业投资额将会继续增加，增长率会有所上升。

表 9–11　吉安市 2011~2018 年制造业投资额及增长率

年份	制造业投资额（亿元）	增长率（%）
2011	420.1	38.81
2012	641.6	52.73
2013	635.5	−0.95
2014	671.8	5.71
2015	789.0	17.45
2016	928.9	17.73
2017	1104.2	18.87
2018	1319.8	19.53

四、吉安市电力、燃气及水的生产和供应业投资

由表 9–12 可以看出，吉安市 2011~2018 年电力、燃气及水的生产和供应业的投资额分别为 16.7 亿元、21.3 亿元、35.9 亿元、51.8 亿元、71.3 亿元、

100.1 亿元、112.4 亿元和 122.5 亿元，从 2011 年到 2018 年，增长了 105.8 亿元。

总体来看，吉安市电力、燃气及水的生产和供应业的投资额是一个持续增长的过程，增长率曲线呈现出 "M" 形趋势，预计在未来几年内，该行业投资额和增长率会呈上升趋势。

表 9-12　吉安市 2011~2018 年电力、燃气及水的生产和供应业投资额及增长率

年份	电力、燃气及水的生产和供应业投资额（亿元）	增长率（%）
2011	16.7	31.21
2012	21.3	27.54
2013	35.9	68.54
2014	51.8	44.29
2015	71.3	37.64
2016	100.1	40.39
2017	112.4	12.29
2018	122.5	8.99

五、吉安市建筑业投资

由表 9-13 可知，吉安市 2011~2018 建筑业的投资额分别为 0.17 亿元、0.31 亿元、0.31 亿元、0.5 亿元、0.075 亿元、0.1 亿元、0.38 亿元和 0.84 亿元，整体保持在一个较低水平，其增长率波动幅度较大。

表 9-13　吉安市 2011~2018 年建筑业投资额及增长率

年份	建筑业投资额（亿元）	增长率（%）
2011	0.17	13.4
2012	0.31	82.35
2013	0.31	0
2014	0.5	61.29
2015	0.075	−85.00
2016	0.1	33.33
2017	0.38	280.00
2018	0.84	121.05

总体来看，吉安市建筑业的投资额先增加再减少再增加，增长率整体呈现"V"型走势，预计在未来几年内，该行业投资额会有所减少。

第五节　吉安市工业发展面临的挑战

一、产能利用率不足，产品市场竞争力弱

由于企业订单减少、销售不畅等因素，部分企业开工不足，调查显示近四成企业认为其所在的行业产能过剩比较严重，全市有近 30% 左右的企业产能利用率不足 70%。全市工业产品仍以中低档为主，科技含量低、附加值低的产品居多，能够起龙头作用和打入国内国际市场的名牌产品非常少，产品市场占有率难以提高，缺乏市场竞争力。许多企业的产品结构、技术结构雷同，在价格上过度竞争，甚至对企业的生存构成了威胁。

二、技术开发投入少，创新能力较弱

吉安市工业企业整体科技水平比较落后，企业还未能真正成为技术创新的主体，缺乏对高新技术创新成果吸收、转化的内在动力和机制，企业技术创新能力还比较薄弱，成果转化能力不强。一方面是技术创新和产业升级所需要的技术资源严重不足，另一方面是技术创新投入少。2015 年在 366 家成本费用调查企业中，发生科技活动的只有 94 家，占比仅为 25.7%，技术（研究）开发费支出 3.39 亿元，仅占其主营收入的 0.5%。2016 年，吉安市全社会研发投入经费支出相比 2015 年增加了 5.3 亿元，达到 13 亿元，占 GDP 比重的 0.89%，相对偏低。

三、制约瓶颈多，发展环境有待改善

调查发现，近五成的企业在生产经营过程中遇到资金紧张问题，其中经营成本上涨、应收账款大幅增加、融资难等是导致企业资金紧张的主要原因。由

于企业生产经营规模小、缺乏有效抵押物、银行授信评级不高，导致企业融资难，企业资金瓶颈制约问题难以得到有效解决。此外，人才稀缺和用工短缺也是制约企业发展壮大的一块短板，企业一方面招不到人，另一方面留不住人，人才缺失、用工短缺瓶颈难以有效突破。

第十章

赣州、抚州、吉安工业振兴比较

《国务院关于支持赣南等原中央苏区振兴发展的若干意见》实施以来，赣州、抚州、吉安工业总量快速壮大。赣州市坚定实施首位产业战略，突出打造"两城两谷两带"，各地首位产业加速形成壮大，产业结构实现由"一矿独大"向"多业支撑"的调整优化，产业结构明显优化。赣州市规模以上工业企业数量由 2011 年的 781 家增加到 2018 年的 1890 家再到 2019 上半年的 2068 家，总量及增量均居全省第一。抚州市以生态文明建设统领发展的理念，朝着经济发展和生态文明水平提高相辅相成、相得益彰的新路阔步前行，大力发展生态经济，着力构建绿色产业体系，重点发展"四大产业"——汽车及零部件产业、电子信息产业、文化旅游产业和数字经济产业。2018 年是抚州市三大产业提高幅度最大的一年，结构调整作用逐步显现。亿元工业企业有重大突破，2018 年全年共有规模以上工业企业 817 家，一批高新技术企业正在向百亿目标冲刺。吉安市委市政府坚定实施工业强市核心战略，聚焦推进电子信息首位产业集优集群，目前集聚规模以上企业近 300 家，2018 年产业主营业务收入达 1100 多亿元，成为全市首个千亿元产业，并形成了合力泰、木林森、博硕、立讯等百亿元企业梯队。

第一节　赣州、抚州、吉安工业比较

一、工业总产值对比

汇总赣州、抚州、吉安三个地区的工业总产值及增长率情况，得到表 10-1。

由表 10-1 可知，吉安市和赣州市工业总产值总体规模总体相当。2018 年，吉安工业产值为 3744.3 亿元，超过赣州的 3676.5 亿元，抚州市工业总产值总体规模最小，只有 1520.1 亿元，不足赣州和吉安一半。赣州有 900 多万人口、抚州有 400 多万人口、吉安有 500 多万人口，从人均工业总产值的角度来看，吉安远超赣州和抚州。

表 10-1　2011~2018 年三个地区工业总产值及其增长率

年份	工业总产值（亿元）			增长率（%）		
	赣州	抚州	吉安	赣州	抚州	吉安
2011	2030.1	1062.8	2031.2	16.47	9.7	15.66
2012	2178.5	1104.5	2303.6	7.31	3.9	13.41
2013	2606.6	1248.0	2440.1	19.65	13.0	5.93
2014	2998.4	1464.1	2774.7	15.03	17.3	13.71
2015	3199.8	1564.6	3015.1	6.72	6.9	8.66
2016	3541.1	1694.5	3281.7	10.67	8.3	8.84
2017	3540.9	1691.3	3404.3	−0.01	−0.2	3.74
2018	3676.5	1520.1	3744.3	3.83	−10.1	9.99

二、工业总产值增长率比较

由表 10-1 可知，赣州、抚州、吉安三个地区工业总产值增长率在经历快速增长阶段后，近年来有所放缓。2013 年赣州市工业总产值增幅高达 19.65%，到 2018 年，其工业总产值增长率降至 3.83%；抚州市工业总产值增长率由 2014 年 17.3% 下降到 2018 年 −10.1%，非常值得警醒；相对来说，吉安市 2018 年依然保持 9.99% 的增幅，这说明吉安工业后劲足，发展持续性强。

第二节　赣州、抚州、吉安工业内部结构比较

一、采矿业产值比较

汇总赣州、抚州、吉安三个地区的采矿业总产值及增长率情况，得到表 10-2。

赣州、抚州、吉安三个地区的采矿业总产值水平差异主要是由三个地区的矿产资源禀赋造成的，赣州市的矿产资源种类及数量在江西省排名位居第一，吉安次之，在矿产资源方面，抚州相对较弱，缺乏竞争力。加上近年来国家提倡"绿色发展"的理念，采矿业的发展整体均受限，因此三地的采矿业总产值均呈现先增加后减少的态势。

表 10-2　2011~2018 年三个地区采矿业总产值及其增长率

年份	采矿业总产值（亿元）			增长率（%）		
	赣州	抚州	吉安	赣州	抚州	吉安
2011	198.12	3.8	111.21	6.34	46.2	6.30
2012	236.17	5.2	116.83	19.21	36.8	5.05
2013	269.63	1.4	126.06	14.17	−73.1	7.90
2014	320.86	12.9	130.54	19.00	821.4	3.55
2015	342.27	10.7	126.87	6.67	−17.1	−2.81
2016	314.16	11.7	118.58	−8.21	9.3	−6.53
2017	309.12	5.9	116.34	−1.60	−49.6	−1.89
2018	283.26	4.3	103.40	−8.37	−27.1	−11.12

二、制造业产值比较

汇总赣州、抚州、吉安三个地区的制造业总产值及增长率情况，得到表 10-3。

从制造业来说，吉安与赣州两地难分伯仲，实力相当。总体来看，吉安的制造业总产值在大多数年份都高于赣州，这说明吉安地区的制造业基础较为稳固，相比之下，抚州制造业总产值水平比较低。赣州有 900 多万人口、抚州有 400 多万人口、吉安有 500 多万人口，从人均制造业总产值的角度，吉安远超赣州和抚州。

表 10-3　2011~2018 年三个地区制造业总产值及其增长率

年份	制造业总产值（亿元）			增长率（%）		
	赣州	抚州	吉安	赣州	抚州	吉安
2011	1763.52	1057.4	1901.73	14.30	9.6	21.13
2012	1869.58	1097.4	2162.4	6.01	3.8	13.71

年份	制造业总产值（亿元）			增长率（%）		
	赣州	抚州	吉安	赣州	抚州	吉安
2013	2251.13	1244.2	2284.31	20.41	13.4	5.64
2014	2581.03	1423.8	2565.46	14.65	14.4	12.31
2015	2769.27	1525.0	2809.73	7.29	7.1	9.52
2016	3141.59	1651.7	3113.96	13.44	8.3	10.83
2017	3164.30	1640.4	3243.12	0.72	−0.7	4.15
2018	3368.42	1467.2	3552.74	6.45	−10.6	9.55

三、电力、燃气及水的生产和供应业总产值比较

汇总赣州、抚州、吉安三个地区的电力、燃气及水的生产和供应业总产值及增长率情况，得到表10-4。

从表10-4可知，赣州的电力、燃气及水的生产和供应业总产值总体呈现先增后减趋势，总产值一直保持相对较高水平；吉安市则是先增后减再增；相对来说，抚州市电力、燃气及水的生产和供应业总产值规模较小，其增长率也处于较低水平。

表10-4　2011~2018年三个地区电力、燃气及水的生产和供应业总产值及其增长率

年份	电力、燃气及水的生产和供应业总产值（亿元）			增长率（%）		
	赣州	抚州	吉安	赣州	抚州	吉安
2011	68.41	1.6	18.26	27.89	23.1	29.82
2012	72.79	1.9	24.41	6.40	18.8	33.68
2013	85.79	2.4	29.75	17.86	26.3	21.88
2014	96.49	27.4	78.7	12.47	1041.7	164.54
2015	101.2	28.9	78.5	4.88	5.5	−0.25
2016	42.22	31.0	49.2	−58.28	7.3	−37.32
2017	67.47	45.1	44.84	59.81	45.5	−8.86
2018	58.53	48.6	88.15	−13.25	7.8	96.59

四、建筑业总产值比较

汇总赣州、抚州地区的建筑业总产值及增长率情况，得到表 10-5。

表 10-5   2011~2018 年赣州、抚州地区建筑业总产值及其增长率

年份	建筑业总产值（亿元）		增长率（%）	
	赣州	抚州	赣州	抚州
2011	141.3	114.53	24.93	12.3
2012	157.8	140.51	11.68	22.7
2013	202.0	207.72	28.01	47.8
2014	236.6	251.34	17.13	21.0
2015	267.5	293.65	13.06	16.8
2016	305.3	349.75	14.13	19.1
2017	361.2	406.4	18.31	16.2
2018	389.6	427.09	7.86	5.1

第三节   赣州、抚州、吉安工业投资额比较

一、工业投资总额及其增长比较

汇总赣州、抚州、吉安三个地区的工业投资总额及增长率情况，得到表 10-6。

通过对表 10-6 进行分析，赣州、吉安、抚州三个地区的工业投资额排名次序为吉安 > 赣州 > 抚州。近年来，江西以制造业、商贸流通、文化和旅游、房地产建筑等为重点，以产业高端化、智能化、绿色化、服务化为方向，坚持龙头引领、专业配套、区域联动、产供销一体，深入实施"2+6+N"产业高质量跨越式发展行动计划，大力发展航空、电子信息、装备制造、中医药、新能源、新材料等优势产业，针对不同产业链的特点和实际实施"一链一策"，进

一步延伸产业链、提升价值链、融通供应链，加快推动产业链转型升级、做优做强做大。赣州、抚州、吉安加大招商力度，推动了工业固定投资发展。

表 10-6 2011~2018 年三个地区工业投资额及其增长率

年份	工业投资额（亿元）			增长率（%）		
	赣州	抚州	吉安	赣州	抚州	吉安
2011	359.62	303.4	495.5	23.30	6.87	15.3
2012	434.9	383.2	682.44	20.93	26.30	37.7
2013	543.06	494.2	676.81	24.87	28.97	-0.8
2014	621.45	541.9	773.21	14.43	9.65	14.2
2015	584.06	618.6	880.61	-6.02	14.15	13.9
2016	808.59	629.6	1041.98	38.44	1.78	18.3
2017	1043.01	721.5	1214.4	28.99	14.60	16.5
2018	1255.28	808.8	1420.85	20.35	12.1	17

二、工业内部行业投资比较

（一）采矿业

汇总赣州、抚州、吉安三个地区的采矿业投资额及增长率情况，得到表10-7。

通过观察表 10-7 可知，三个地区的采矿业投资额排名为吉安 > 赣州 > 抚州，对于采矿业投资增长率来说，赣州和抚州两地的采矿业投资额增长率缺乏稳定性，吉安市的采矿业投资相对较为稳定，总结得出吉安的采矿业投资额具有"总量大，增速稳"的特点，这说明吉安市充分发挥了自己的资源优势。

表 10-7 2011~2018 年三个地区采矿业投资额及其增长率

年份	采矿业投资额（亿元）			增长率（%）		
	赣州	抚州	吉安	赣州	抚州	吉安
2011	4.42	7.8	111.21	-70.7	23.81	6.30
2012	11.12	11.2	116.83	151.6	43.59	5.05
2013	10.73	16.3	126.06	-3.5	45.54	7.90
2014	15.65	13.2	130.54	45.9	-19.02	3.55

续表

年份	采矿业投资额（亿元）			增长率（%）		
	赣州	抚州	吉安	赣州	抚州	吉安
2015	10.8	19.4	126.87	−31.0	46.97	−2.81
2016	15.09	18.1	118.58	39.7	−6.70	−6.53
2017	28.95	13.4	116.34	91.8	−25.97	−1.89
2018	31.05	12.8	103.40	7.3	−4.48	−11.12

（二）制造业

汇总赣州、抚州、吉安三个地区的制造业投资额及增长率情况，得到表 10-8。

通过观察表 10-8 可知，赣州、抚州、吉安三个地区的制造业投资额排名为吉安＞赣州＞抚州，由于制造业投资受到较多市场因素的影响，因此三个地区的制造业投资额增长率都曲折多变。总体来说，三个地区的制造业投资保持持续增长的态势，未来发展都会持续向好。

表 10-8　2011~2018 年三个地区制造业投资额及其增长率

年份	制造业投资额（亿元）			增长率（%）		
	赣州	抚州	吉安	赣州	抚州	吉安
2011	318.87	282.2	420.1	20.6	5.30	38.81
2012	402.0	355.7	641.6	26.1	26.05	52.73
2013	506.50	454.8	635.5	26.0	27.86	−0.95
2014	564.12	483.3	671.9	11.4	6.27	5.71
2015	514.12	544.7	789.0	−8.9	12.70	17.45
2016	687.49	530.2	928.9	33.7	−2.66	17.73
2017	872.34	620.3	1104.2	26.9	16.99	18.87
2018	1074.72	692.6	1319.8	23.2	11.66	19.53

（三）电力、燃气及水的生产和供应业

汇总赣州、抚州、吉安三个地区的电力、燃气及水的生产和供应业总产值及增长率情况，得到表 10-9。

通过观察表 10-9 可知，赣州、抚州、吉安三个地区的电力、燃气及水的

生产和供应业投资额排名为赣州＞吉安＞抚州，电力、燃气及水的生产和供应业的发展与人民的基本生活密切相关，2018 年，赣州市常住人口达到 981.46 万人，占据江西省总人口的 1/5 左右，吉安市常住人口 495.66 万人，约为赣州市的 1/2，因此，在人民基础生活设施建设时，赣州市的投资额一般需要比吉安市高，但是由于人民生活水平的提高，对电力、燃气设施的需求增大，导致投资额相应增大，因此，又会出现吉安市投资额高于赣州市的情况。

表 10-9　2011~2018 年三个地区电力、燃气及水的生产和供应业投资额及其增长率

年份	电力、燃气及水的生产和供应业投资额（亿元）			增长率（%）		
	赣州	抚州	吉安	赣州	抚州	吉安
2011	36.33	13.4	16.7	127.9	38.14	31.21
2012	21.78	17.3	21.3	−40.0	29.10	27.54
2013	25.83	23.7	35.9	18.6	36.99	68.54
2014	41.68	45.3	51.8	61.4	91.14	44.29
2015	59.14	54.5	71.1	41.9	20.31	37.64
2016	106.01	81.3	100.1	79.3	49.17	40.39
2017	141.72	87.8	112.4	33.7	8.00	12.29
2018	149.51	103.4	122.5	5.5	17.77	8.99

（四）建筑业投资对比

汇总赣州、抚州、吉安三个地区的建筑业投资额及增长率情况，得到表 10-10。

由表 10-10 可见，赣州、抚州、吉安三个地区的建筑业投资额排名为赣州＞抚州＞吉安，其中，赣州、抚州两地的建筑业投资额增长率相对较为稳定，吉安市建筑业投资额规模小，且增长率缺乏稳定性。

表 10-10　2011~2018 年三个地区建筑业投资额及其增长率

年份	建筑业投资额（亿元）			增长率（%）		
	赣州	抚州	吉安	赣州	抚州	吉安
2011	130.58	83.9	0.17	30.0	10.8	13.4
2012	163.27	66.1	0.31	25.0	−21.2	82.35
2013	196.62	81.4	0.42	20.4	23.1	35.48

续表

年份	建筑业投资额（亿元）			增长率（%）		
	赣州	抚州	吉安	赣州	抚州	吉安
2014	230.34	98.9	0.5	17.1	21.5	19.05
2015	274.35	110.0	0.075	19.1	11.2	−85.00
2016	291.24	111.6	0.1	6.2	1.5	33.33
2017	309.16	119.1	0.38	6.2	6.7	280.00
2018	318.43	143.5	0.84	3.0	20.5	121.05

江西老区
服务业振兴篇

第十一章

服务业概述

第一节　服务业概念

　　服务业概念在理论界尚有争议。一般认为服务业指从事服务产品的生产部门和企业的集合。服务业和第三产业在日常应用上是有区别的。一般地，通过国民经济具体产业部门如农业、工业、建筑业等来描述国民经济产业部门时，就采用"服务业"；通过国民经济产业发展层次如第一次产业（简称第一产业，下同）、第三产业等描述国民经济产业部门时，就采用"第三产业"。

　　服务业是随着商品生产和商品交换的发展，继商业之后产生的一个行业。商品的生产和交换扩大了人们的经济交往。为解决由此而产生的人的食宿、货物的运输和存放等问题，出现了饮食、旅店等服务业，随着城市的繁荣，人口的日益增多，不仅在经济活动中离不开服务业，而且服务业也逐渐转向以为人们的生活服务为主。社会化大生产创造的较高的生产率和发达的社会分工，促使生产企业中的某些为生产服务的劳动从生产过程中逐渐分离出来（如工厂的维修车间逐渐变成修理企业），加入服务业的行列，成为为生产服务的独立行业。

　　服务业有服务产业和服务事业之分。以增值为目的提供服务产品的生产部门和企业集合叫服务产业；以满足社会公共需要提供服务产品的政府行为集合叫服务事业。

　　现代服务业是指以现代科学技术特别是信息网络技术为主要支撑，建立在新的商业模式、服务方式和管理方法基础上的服务产业。现代服务业既包括随着技术发展而产生的新兴服务业态，也包括运用现代技术对传统服务业的改造和提升。现代服务业有别于住宿、餐饮、仓储、交通运输等传统服务业，以金融保险业、信息传输和计算机软件业、租赁和商务服务业、科研技术服务和地质勘查业、文化体育和娱乐业、房地产业及居民社区服务业等为代表。

第二节　我国服务业的分类

一、我国第三产业分类表

第三产业在《国民经济行业分类》（GB/T 4754-2007）中，分为 15 个门类即自 F 类到 T 类计 47 个大类，为分类最多的产业（见表 11-1）。

表 11-1　我国第三产业分类

第三产业——主类	第三产业——亚类
F 批发和零售业	51. 批发业 52. 零售业
G 交通运输、仓储和邮政业	53. 铁路运输业 54. 道路运输业 55. 水上运输业 56. 航空运输业 57. 管道运输业 58. 多式联运和运输代理业 59. 装卸搬运和仓储业 60. 邮政业
H 住宿和餐饮业	61. 住宿业 62. 餐饮业
I 信息传输、软件和信息技术服务业	63. 电信、广播电视和卫星传输服务 64. 互联网和相关服务 65. 软件和信息技术服务业
J 金融业	66. 货币金融服务 67. 资本市场服务

续表

第三产业——主类	第三产业——亚类
J 金融业	68. 保险业 69. 其他金融业
K 房地产业	70. 房地产业
L 租赁和商务服务业	71. 租赁业 72. 商务服务业
M 科学研究和技术服务业	73. 研究和试验发展 74. 专业技术服务业 75. 科技推广和应用服务业
N 水利、环境和公共设施管理业	76. 水利管理业 77. 生态保护和环境治理业 78. 公共设施管理业 79. 土地管理业
O 居民服务、修理和其他服务业	80. 居民服务业 81. 机动车、电子产品和日用产品修理业 82. 其他服务业
P 教育	83. 教育
Q 卫生和社会工作	84. 卫生 85. 社会工作
R 文化、体育和娱乐业	86. 新闻和出版业 87. 广播、电视、电影和录音制作业 88. 文化艺术业 89. 体育 90. 娱乐业
S 公共管理、社会保障和社会组织	91. 中国共产党机关 92. 国家机构 93. 人民政协、民主党派 94. 社会保障 95. 群众团体、社会团体和其他成员组织 96. 基层群众自治组织及其他组织
T 国际组织	97. 国际组织

二、服务业细分行业

（一）批发和零售业

批发业指向其他批发或零售单位（含个体经营者）及其他企事业单位、机关团体等批量销售生活用品、生产资料的活动，以及从事进出口贸易和贸易经纪与代理的活动。包括拥有货物所有权，并以本单位（公司）的名义进行交易活动；也包括不拥有货物的所有权，收取佣金的商品代理、商品代售活动；还包括各类商品批发市场中固定摊位的批发活动，以及以销售为目的的收购活动。

零售业指百货商店、超级市场、专门零售商店、品牌专卖店、售货摊等主要面向最终消费者（如居民等）的销售活动，以互联网、邮政、电话、售货机等方式的销售活动，还包括在同一地点，后面加工生产，前面销售的店铺（如面包房）；谷物、种子、饲料、牲畜、矿产品、生产用原料、化工原料、农用化工产品、机械设备（乘用车、计算机及通信设备除外）等生产资料的销售不作为零售活动；多数零售商对其销售的货物拥有所有权，但有些则是充当委托人的代理人，进行委托销售或以收取佣金的方式进行销售。

（二）住宿和餐饮业

住宿业指为旅行者提供短期留宿场所的活动，有些单位只提供住宿，也有些单位提供住宿、饮食、商务、娱乐一体的服务，不包括主要按月或按年长期出租房屋住所的活动。

餐饮业指通过即时制作加工、商业销售和服务性劳动等，向消费者提供食品和消费场所及设施的服务。

（三）信息传输、软件和信息技术服务业

软件与信息技术服务业是指利用计算机、通信网络等技术对信息进行生产、收集、处理、加工、存储、运输、检索和利用，并以信息产品为社会提供服务的专门行业的综合体，指服务者以独特的策略和内容帮助信息用户解决问题的社会经济行为。从劳动者的劳动性质看，这样的行为包括生产行为、管理行为和服务行为。信息服务业是信息资源开发利用，实现商品化、市场化、社会化和专业化的关键。

（四）金融业

金融业指的是银行与相关资金合作社，还有保险业，除了工业性的经济行为外，其他的与经济相关的都是金融业。它包括银行业、保险业、信托业、证券业和租赁业。

（五）房地产业

房地产业是指以土地和建筑物为经营对象，从事房地产开发、建设、经营、管理以及维修、装饰和服务的集多种经济活动为一体的综合性产业，是具有先导性、基础性、带动性和风险性的产业。

（六）租赁和商务服务业

租赁是指在约定的期间内，出租人将资产使用权让与承租人，以获取租金的协议。租赁有三种形式：传统租赁、融资租赁和经营性租赁。

商务服务是指企业管理组织、市场管理组织、市场中介组织所从事的经营性事务活动，它直接为商业活动中的各种交易提供服务。商务服务业属于现代服务业的范畴，包括企业管理服务、法律服务、咨询与调查、广告业、职业中介服务等行业，是符合现代服务业要求的人力资本密集行业，也是高附加值行业。

（七）科学研究和技术服务业

科技服务业是指运用现代科技知识、现代技术和分析研究方法，以及经验、信息等要素向社会提供智力服务的新兴产业，主要包括科学研究、专业技术服务、技术推广、科技信息交流、科技培训、技术咨询、技术孵化、技术市场、知识产权服务、科技评估和科技鉴证等活动。

（八）水利、环境和公共设施管理业

水利是指采取各种人工措施对自然界的水进行控制、调节、指导、开发、管理和保护，以减轻和免除水旱灾害，并利用水资源，适应人类生产、满足人类生活需要的活动。

公共设施管理是指各级政府部门对公共设施的规划和管理，包括市政设施管理、供水设施管理、公交设施管理、园林设施管理、环卫设施管理等。公共设施的管理，主要是对城市公共设施的管理。公共设施管理项目大致可以分为

两大类：一是社会性公共设施管理；二是技术性公共设施管理。这两类管理关系着人民的和谐生活。

（九）卫生和社会工作

社会工作，是由英文 Social Work 翻译过来的，它指的是非营利的、服务于他人和社会的专业化、职业化的活动。在国际社会，这类活动还被称为社会服务或社会福利服务。由于各国、各地区的经济社会结构不同，具体问题不同，解决问题的方法不同，因此人们对社会工作内涵的表述也有所不同。国际社会工作者联会（IFSW）曾于 20 世纪 90 年代进行全球调查，发现各国对社会工作的定义大同小异。因此我们可以说，社会工作是在一定的社会福利制度框架下，根据专业价值观念、运用专业方法帮助有困难的人或群体走出困境的职业性的活动。

社会工作在我国还是一个宽泛的概念。当前我国对社会工作有三种不同的理解，即有三种社会工作：普通社会工作、行政性社会工作和专业社会工作。结合国内外经验，有关部门指出，社会工作是社会建设的重要组成部分，它是一种体现社会主义核心价值理念，遵循专业伦理规范，坚持"助人自助"宗旨，在社会服务、社会管理领域，综合运用专业知识、技能和方法，帮助有需要的个人、家庭、群体、组织和社区，整合社会资源，协调社会关系，预防和解决社会问题，恢复和发展社会功能，促进社会和谐的职业活动。这里指的主要是专业社会工作。社工的主要职责是对各种社会问题和各类处于困境的社会成员进行专业化"诊疗"，社工的存在有效地弥补了政府公共服务的不足。

（十）文化、体育和娱乐业

文化产业作为一种特殊的文化形态和特殊的经济形态，影响了人们对文化产业的本质把握，不同国家从不同角度看文化产业有不同的理解。联合国教科文组织关于文化产业的定义如下：文化产业是按照工业标准，生产、再生产、储存以及分配文化产品和服务的一系列活动。从文化产品的工业标准化生产、流通、分配、消费、再次消费的角度进行界定。文化产业是以生产和提供精神产品为主要活动，以满足人们的文化需要为目标，是指文化意义本身的创作与销售，狭义上包括文学艺术创作、音乐创作、摄影、舞蹈、工业设计与建筑设计。

体育产业是指为社会提供体育产品的同一类经济活动的集合以及同类经济

部门的综合。体育产品既包括有形的体育用品，也包括无形的体育服务；体育经济部门不仅包括市场企业，也包括各种从事经营性活动的其他机构，如事业单位、社会团体乃至个人。广义的体育产业指"与体育运动相关的一切生产经营活动，包括体育物质产品和体育服务产品的生产、经营两大部分"。狭义的体育产业是指"体育服务业"或者是"体育事业中既可以进入市场，又可以盈利的部分"。

娱乐业是指为娱乐活动提供场所和服务的行业，包括经营歌厅、舞厅、卡拉 OK 歌舞厅、音乐茶座、台球、高尔夫球、保龄球场、网吧、游艺场等娱乐场所，以及娱乐场所为顾客进行娱乐活动提供服务的业务。电影、音乐、电视、广播等大众媒体也可以列为娱乐业。

（十一）公共管理、社会保障和社会组织

社会保障是以国家或政府为主体，依据法律，通过国民收入的再分配，对公民在暂时或永久丧失劳动能力以及由于各种原因而导致生活困难时给予物质帮助，以保障其基本生活的制度。本质是追求公平，责任主体是国家或政府，目标是满足公民基本生活水平的需要，同时必须以立法或法律为依据。现代意义上的社会保障制度是工业化的产物，以 19 世纪 80 年代德国俾斯麦政府颁布并实施的一系列社会保险法令为标志，经历了发展、成熟、完善、改革等不同时期，各国根据各自的政治、经济和人口环境等因素，形成了各具特色的社会保障制度模式。中国社会保障制度主要包括社会保险、社会救助、社会优抚和社会福利等内容。

社会组织是公共关系的主体，它是公共关系的三大构成要素之一。公共关系学所称的"社会组织"是狭义的。它是人们为了有效地达到特定目标按照一定的宗旨、制度、系统建立起来的共同活动集体。它有清楚的界限、明确的目标，内部实行明确的分工并确立了旨在协调成员活动的正式关系结构，比如，政党、政府、企业、商店、工厂、公司、学校等。

（十二）国际组织

国际组织是现代国际生活的重要组成部分，它是指两个以上国家或其政府、人民、民间团体基于特定目的，以一定协议形式而建立的各种机构。国际组织分为政府间组织和非政府间组织，也可分为区域性国际组织和全球性国际组织。政府间的国际组织有联合国、欧洲联盟、非洲联盟、东南亚国家联盟

（东盟）、世界贸易组织等，非政府间的国际组织有国际足球联合会、乐施会、创行、国际奥林匹克委员会、国际红十字会等，各种国际组织在当今世界发挥着重要的作用。

改革开放之后，我国的第三产业得到了很大的发展，根据各年《中国第三产业统计年鉴》中的数据，我国第三产业的产值从 1978 年的 905.1 亿元增加到 2017 年的 427031.5 亿元，与此同时，其产值占 GDP 的比重也逐渐提高，从 1978 年的 24.6% 提高到 2017 年的 51.6%。第三产业的就业人数由 1978 年的 4890 万人增加到 2017 年的 34872 万人，年均增长速度大约 15.7%，同时第三产业就业人员占所有就业人员比重也从 1978 年的 12.2% 上升到 2017 年的 44.9%。因此，第三产业的发展对于促进我国 GDP 的增长，增加就业做出了巨大的贡献。

第十二章

赣州市服务业振兴发展

第一节　赣州市服务业发展势态

　　赣州，简称"虔"，别称"虔城"，也称"赣南"，是江西省的南大门，也是江西省面积最大、人口最多的设区市。赣州地处亚热带季风气候区，地形以山地、丘陵、盆地为主，经济发展水平相对落后。赣州市位于中国华东江西省南部，地处赣江上游，处于东南沿海地区向中部内地延伸的过渡地带，是内地通向东南沿海的重要通道。赣州东接福建省三明市和龙岩市，南至广东省梅州市、河源市、韶关市，西靠湖南省郴州市，北连江西省吉安市和抚州市，介于北纬 24°29′~27°09′、东经 113°54′~116°38′，总面积 39379.64 平方千米，占江西总面积的 23.6%，下辖 3 个市辖区、14 个县、1 个县级市、2 个功能区，2018 年户籍人口为 981.46 万人，占江西省总人口的 21.1%。2018 年地区生产总值（GDP）2807.24 亿元，财政总收入 459.51 亿元，全市服务业增加值 1272.7 亿元，增幅连续三年保持全省第一。

第二节　赣州市服务经济指标

一、服务业增加值

2011~2019 年，赣州市第三产业增加值分别为 472.13 亿元、559.24 亿元、

637.57 亿元、712.94 亿元、807.85 亿元、937.35 亿元、1112.14 亿元、1272.70 亿元、1729.83 亿元（见表 12-1）。赣州市 2011~2019 年第三产业增长率如图 12-1 所示，从 2011 年到 2019 年增加了 1257.70 亿元，增长了 266.39%。

表 12-1　赣州市 2011~2019 年第三产业增加值、增长率

年份	第三产业增加值（亿元）	第三产业增长率（%）
2011	472.13	12.4
2012	559.24	13.2
2013	637.57	9.8
2014	712.94	9.1
2015	807.85	11.4
2016	937.35	12.1
2017	1112.14	12.3
2018	1272.70	11.5
2019	1729.83	10.1

二、服务业增长率

如图 12-1 所示，2011~2019 年赣州市服务业增长率的变化趋势为上升—下降—上升—下降的复杂变动状态。2012 年，增长率高达 13.2%，至 2014 年，服务业增长率只有 9.1%。2015~2017 年增长率超过 11%，2019 年增长率降至 10.1%。

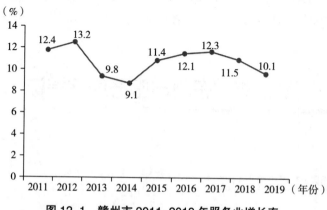

图 12-1　赣州市 2011~2019 年服务业增长率

第三节　赣州市服务业结构及其振兴发展

一、赣州市现代物流业发展

2016 年，在中国共产党赣州市委员会、赣州市人民政府的坚强领导下，全市物流产业发展迈上新台阶，物流基础设施逐步完善，物流服务经济发展能力进一步提升，物流服务水平显著提高，重大物流项目建设稳步推进，赣州华东国际商贸物流城、赣南脐橙交易中心等 22 个物流载体项目建设完成投资 62.23 亿元，同比增长 235.49%。综合物流园、冷链物流中心、赣州港物流园和物流公共信息平台 4 个中心城区重点物流项目全面启动，建设进展顺利，"龙头昂起"格局初步形成。农村物流站点建设成效显著，县、乡、村三级物流服务站覆盖率达 45%。物流主体建设有新进展，全年新增国家标准 A 级物流企业 16 户，A 级企业新增速度和总数量均居全省首位，赣州市被列为全国首位、全省唯一的现代物流创新发展试点城市。"降成本优环境"专项行动成效明显，交通行业 11 条政策措施和"一对一"帮扶企业制度全面落实，企业物流成本明显下降。

（一）物流总量持续增长

赣州市物流业持续快速发展，物流总量和效益不断提升。2016 年全市社会物流总额 5503.54 亿元，同比增长 4.18%；物流业增加值 160.49 亿元，增长 6.82%；社会物流总费用 381.15 亿元，同比增长 4.34%。家具、脐橙、城乡配送等七大物流产业集群逐步形成。

赣州市 2011~2019 年的公路货物运输量分别为 15866 万吨、17266 万吨、18629 万吨、17089 万吨、18338 万吨、9302 万吨、10485 万吨、11935 万吨、12903 万吨，从 2011 年到 2019 年减少了 2963 万吨，减少了 18.68%，具体增长规模见图 12-2。其增长率呈"W"型增长。

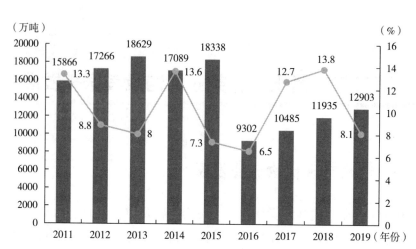

图 12-2　赣州市 2011~2019 年公路货物运输量和增长率

（二）物流重点项目快速启动

按照国家现代物流创新发展试点城市的工作要求和中国共产党赣州市委员会、赣州市人民政府的工作部署，2016 年底，赣州市启动四大物流重点项目，分别是赣州物流公共信息平台、赣州冷链物流基地、赣州港多式联运示范物流园和赣州综合物流园这四大项目建设。这四个重点项目是根据赣州市的区域定位和功能布局，高起点高标准建设，完全符合赣州市物流业发展的实际需要，以打造全省物流标杆园区为目标，引领物流业做大做强，打造粤苏皖赣四省通衢的区域性物流中心。

（三）物流节点建设稳步进行

物流节点布局全面完成，物流园区、县级物流中心等物流项目建设陆续启动。赣州市物流中心、赣州汽车城、赣州粮食城、南康龙岭物流中心、赣州金属物流中心、定南公路口岸作业区、赣州（南康）进境木材口岸作业监管区等 16 个项目竣工并投入使用，完成投资 150 多亿元。赣州港多式联运物流中心（南康区物流产业园）、赣州农产品物流中心、赣州华东国际商贸物流城、赣州综合商贸物流园、赣州综合保税区物流园区、中国中部国际商贸物流园等 30 个项目正稳步推进建设，完成投资 30.12 亿元，占 2016 年度计划投资的 41.86%。物流规范化建设有了突破性进展，区域性物流中心初具雏形。

赣州市 2011~2019 年的货物运输周转量分别为 174.38 亿吨公里、227.85

亿吨公里、277.74 亿吨公里、178.04 亿吨公里、185.38 亿吨公里、226.32 亿吨公里、246.85 亿吨公里、270.36 亿吨公里、292.2 亿吨公里，从 2011 年到 2019 年增加了 117.82 亿吨公里，增加了 67.57%，具体增长规模见图 12-3。其增长率呈倒"V"型增长趋势。

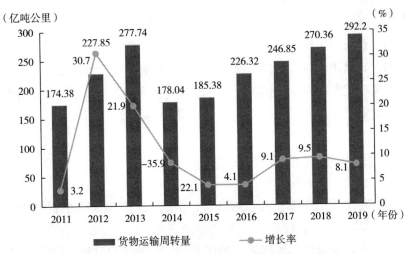

图 12-3　赣州市 2011~2019 年货物运输周转量和增长率

（四）赣州物流企业快速发展

2016 年全市共有物流企业 2086 家，比 2015 年同期增加 263.89%；企业主要分布在南康区、章贡区、开发区、信丰县、赣县、瑞金市、会昌县等人口集聚和产业集聚的区域。物流企业发展比较快的有信丰县和瑞金市，打造国标品牌较好的有开发区、南康区、章贡区和瑞金市。全市共有国家标准 A 级物流企业 46 家，同比增长 85%，位列全省第一。此外，赣州利友食品有限公司同时成为全国首批星级冷链物流企业，也是江西省第一家三星级冷链物流企业。A 级物流企业将进一步促进和引导全市物流业转型升级。

（五）物流发展方向明确

2014 年，赣州市出台了《赣州市区域性物流中心发展规划（2013—2030 年）》和《关于加快建设赣州区域性物流中心的实施方案》，在财政政策、用地政策、融资政策、畅通政策、开放政策等方面提出明确实施措施。2016 年，赣州市陆续编制出台了《南康区家具物流产业集群规划》《赣州市脐橙产业物流集群规划》和《信丰县赣南脐橙物流产业集群核心区规划》等，为赣州市省级重点推进物流示范产业集群提供政策指引和前进方向。建立了全市物流项目库，入库项目 107 个，总投资 843.17 亿元。

（六）物流发展政策持续更新

2016 年，赣州市出台了《关于在工业园区加快建设物流服务中心的实施方案》《关于建设赣州中心城区配送绿色通道的实施方案》《关于推进赣州市农村物流站点建设的实施方案》等系列文件，全面推进赣州市现代物流产业快速发展。同时，赣州市财政预留专项资金用于鼓励物流业发展，重点支持 A 级物流企业发展、重大物流项目建设、物流课题研究等。赣州市还出台了《赣州市市本级财政专项资金管理暂行办法》，推进物流财政政策的落地实施。

二、赣州市旅游业振兴发展

旅游业是现代的朝阳产业，对社会经济的发展具有极大的促进作用。如今，我国旅游经济不断增长，产业格局日渐完善，旅游业发展态势良好，赣州市更是依托生态环境好、旅游资源丰富这一优势，大力发展旅游业，充分挖掘红色资源。

（一）旅游资源不断积聚

赣州市共有全国重点文物保护单位 22 处，分别是瑞金革命遗址、宁都起义指挥部旧址、通天岩石窟、赣州城墙、关西新围、燕翼围、大宝光塔、赣州佛塔、梅关和古驿道、兴国革命旧址、中央红军长征出发地旧址、七里镇窑址、羊角水堡、太平桥、永镇桥、玉带桥、赣州文庙、东生围、罗田岩石刻、寻乌调查旧址、中共苏区中央局旧址、中华苏维埃共和国中央革命军事委员会旧址、瑞金中央工农红军学校旧址。

赣州省级文物保护单位共 61 处，分别是舍利塔、玉虹塔、玉石塔、白鹭村古建筑群（含恢烈公祠、王太夫人祠、兴复堂、佩玉堂）、夏府村宗祠群（含戚氏总祠追远堂、戚氏分祠聚顺堂、谢氏宗祠敦五堂）、大圣寺塔、油山游击队交通站——上乐塔、嘉祐寺塔、石门摩崖石刻、平茶寮碑、东升围、无为寺塔、永清岩观音楼、玉石岩石刻、巽塔、雅溪围屋、翠微峰石刻、红一方面军总前委"黄陂会议"会址、江西省军区司令部旧址、朗际节孝坊、宁都会议旧址、山堂古窑、水口塔、中国共产党江西省委员会旧址、宁都江西省苏维埃政府旧址、赣南省苏维埃政府旧址、毛泽东周恩来等和中央直属机关长征第一渡口、水头步蟾坊、中共赣南省委旧址、竹篙寨中央后方保管处旧址、"永镇江南"题额、长冈乡调查旧址、红军总医院院部、江西军区旧址、江西省第一次工农兵代表大会会址、土地革命干部训练班、中共江西省委旧址、中央兵工厂旧址、朱华塔、凤岗江西省苏维埃政府旧址、中共苏区中央局坝南军事会议旧址、汉仙岩摩崖石刻、会寻安中心县委旧址、中共粤赣省委旧址、会昌城墙、文武坝粤赣省军区总指挥部旧址、上甲古窑址、潘任墓、罗塘谈判旧址、宝福院塔、太平天国幼天王囚室、五龙岩摩崖石刻、杨村坊式亭、永宁桥、宁都起义部队秋溪整编旧址、大柏地战斗旧址、龙珠塔、中国工农红军总政治部旧址、中华苏维埃共和国中央政府旧址、中华苏维埃共和国临时中央政府春耕生产运动赠旗大会旧址、中央革命军事委员会总参谋部（总司令部）旧址。

赣州全市国家级非物质文化遗产有赣南采茶戏、古陂蓆狮、于都唢呐公婆吹、兴国山歌、石城灯会。省级非物质文化遗产有南乡大堂音乐、银坑甑笊舞、瑞狮、古陂"蓆狮""梨狮"、章贡区民间高跷、花棍舞、东河戏、手端木偶戏、宁都鼓子曲、石城砚制作技艺。

全市国家5A级旅游景区有瑞金共和国摇篮景区；国家4A级旅游景区有通天岩风景名胜区、宝葫芦农庄、崇义县阳岭国家森林公园、客家文化城、九曲度假村、瑞金叶坪红色旅游景区、龙南关西围屋、安远三百山、赣州市五龙客家风情园景区、瑞金中央根据地历史博物馆景区、兴国三僚景区、会昌汉仙岩风景区。

（二）旅游规模持续增长

1. 旅游收入

图12-4所示，赣州市2011~2019年的旅游总收入分别为135.7亿元、164.55亿元、206.86亿元、279.59亿元、390.19亿元、588.88亿元、794.94亿元、1120.26亿元、1408.5亿元，从2011年到2019年增长了1272.8亿元，增长了937.95%。总体来看，赣州市旅游人数增长率呈"M"型增长趋势。

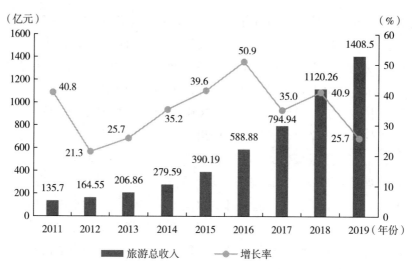

图 12-4 赣州市 2011~2019 年旅游总收入和增长率

2. 旅游人数

如图 12-5 所示，赣州市 2011~2019 年的全年入境旅游人数分别为 13.14 万人、15.22 万人、16.1 万人、21.33 万人、25.61 万人、31.66 万人、41.4 万人、45.93 万人、48.9 万人，从 2011 年到 2019 年增长了 35.76 万人，增长了 272.15%。总体上来看，赣州市入境旅游人数增长呈"M"型增长趋势。

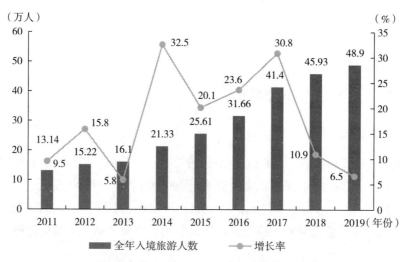

图 12-5 赣州市 2011~2019 年全年入境旅游人数和增长率

（三）旅游环境不断改善

赣南苏区红色旅游列入国家旅游发展战略，国家旅游局给予赣州市的 10 项扶持政策已逐步落地。2013 年 2 月，国家旅游局、国务院扶贫办批准在赣州市设立"国家旅游扶贫试验区"。2017 年 6 月，赣州市被国家旅游局批准为全国旅游业改革创新先行区。中国共产党赣州市委员会、赣州市人民政府高度重视旅游产业发展，先后印发了《关于加快旅游产业发展的意见》和《关于加快旅游投资和促进旅游消费的意见》等系列文件，进一步加大了旅游产业振兴发展的政策、资金引导力度。一是推进全域旅游发展，制订了《全域旅游行动方案（2017-2019）》，明确了"吃、住、行、游、购、娱"旅游要素建设要求和重大项目。二是基础设施条件改善。基本形成了以高速公路网为主干，铁路、航空为补充的旅游交通体系，景区内部通达条件有所改观。

2016 年底，全市拥有国家 3A 级以上景区 25 处（5A 级 1 处，4A 级 16 处，3A 级 8 处）比 2011 年增长了 47%，实现 5A 级景区零突破；新增 5A 级乡村旅游点 1 处，4A 级乡村旅游点 12 处，3A 级乡村旅游点 2 处；旅游星级饭店 73 家（五星级 2 家，四星级 19 家），比 2011 年增长了 58.7%；新增三星级以上农家旅馆 211 家；旅行社 69 家（其中出境社 4 家，赴台游组团社 1 家）。

（四）旅游影响不断扩大

由于旅游业带来实惠的示范效应，广大群众参与发展旅游业的热情日渐高涨，对赣州旅游的认可度不断提升。参与问卷调查的 500 多名游客大部分都认真填写了问卷，对赣州市的旅游资源，红色旅游、乡村旅游等旅游产品给予了肯定，并提出了中肯的建议。赣州市旅游形象在原有主客源地有明显提高，被广东自驾游协会授予"广东自驾游最佳目的地"称号。2013 年以来，由广东省自驾旅游协会及其下属会员单位组织的自驾车游赣州活动超过 100 场，人次超过 20 万人。赣州旅游网点击率和赣州旅游微博、微信公众平台粉丝量居全省各市之首。目前下载赣州智慧旅游 APP 的用户有 12 万，点击量 240 万，2017 年上半年线上流水交易量 640 余万，农家乐商户数量突破 1000 户。总体上来看，赣州市旅游总收入占全市 GDP 比重超过 10%。

三、赣州市金融业振兴发展

金融业是指经营金融商品的特殊行业，它包括银行业、保险业、信托业、证券业和租赁业。《若干意见》出台实施后，全市金融业发展取得了长足进步，为赣州经济社会发展提供了强劲的支持。截至 2019 年，全市有各类金融机构 192 家，初步形成了银行、保险、证券期货等多种金融机构并存，全国性、区域性、地方性机构协调发展的多元化金融组织体系。

（一）金融对经济增长贡献度提升

近年来，赣州市金融业贡献度大幅提高，社会融资结构持续优化，金融业资产规模快速扩张，多项主要金融指标实现翻番，年均增长 15% 以上。金融相关比率、金融业增加值占 GDP 比重、存贷比三个指标的不断优化说明赣州金融化程度不断加深。2017 年上半年，赣州市金融业增加值 60.74 亿元，占 GDP 比重为 5.8%，比 2012 年提高了 2.52 个百分点；金融业税收 15.57 亿元，比 2012 年全年税收高出 2.2 亿元，占比全市税收收入 8.97%，2016 年全市金融业增加值为 2012 年的近两倍，金融业已成为赣州的支柱产业。2016 年的存贷比 70% 相较于 2012 年提高了 12 个百分点，说明赣州金融转化资源能力正在加强，更多资金留在当地服务赣州社会经济发展，金融服务能力不断提升，金融资源效能在不断提高。

赣州市大力构建金融扶贫产品体系。推动各银行根据自身业务特点，推出适合贫困户的金融产品，构建金融扶贫产品的"组合拳"。2018 年，全市累计发放扶贫贷款 117.78 亿元。其中，"产业扶贫信贷通"累放发放 16.13 亿元，惠及 2.89 万贫困户、507 家新型农业经营主体和 23 个"（十三五）贫困村"。创新保险扶贫新模式。为全市共计 114 万建档立卡贫困户构筑"四道保障线"（"城乡居民基本医疗保险""大病保险""贫困人口疾病医疗补充保险""医疗救助"），截至 2018 年第三季度末，就诊人次 42.26 万人次，总费用 17.64 亿元，个人支付 1.64 亿元，使贫困人口医疗负担支出（8.81%）在 10% 以内，大大降低了贫困人口医疗支出。推出"金信保"产业扶贫贷款保证保险，为扶贫贷款建立政、银、保三方风险共担机制。利用资本市场扶贫政策。全力对接资本市场扶贫政策，落实"一司一县"结对帮扶，帮助贫困地区推进企业上市挂牌、梳理和引进产业资源，实现补链强链。

（二）新型金融机构建设取得突破

当前，赣州市金融机构体系日趋完善。江西省首家金融资产交易中心、瑞京资产管理公司、江西金融发展集团、赣州稀有金属交易所等众多省级平台落户赣州市，金融业务覆盖周边地区。市、县两级还贷周转金累计为 5451 家企业提供年化利率不高于 6% 周转资金 293.97 亿元，为实体企业节约财务成本约 2.71 亿元。设立政府出资的融资担保机构 20 家，规模 33.2 亿元，融资担保余额达 83.92 亿元。赣州市境内外上市和新三板挂牌企业 36 家，较 2011 年末增加了 34 家；区域性股权市场（新四板）挂牌企业累计达 1058 家。全市累计发放"两权"抵押贷款 9.45 亿元，惠及农户 6242 户。

赣州市组建、设立了全国首家私募基金呼叫中心、首家地级市一级子公司华融赣南产融投资公司、首家地级市进出口银行工作组、规模 300 亿元的国家级产业投资基金——赣南苏区振兴发展产业投资基金、注册资本 20 亿元的金盛源担保公司、注册资本 10 亿元的江西金融发展集团、江西首家金融资产交易中心等。

赣州市成功举办首届南北"4+8"地区绿色发展座谈会，推动赣州与"4+8"地区在绿色金融方面的协同发展。区块链技术在金融领域的落地运用，积极推进"赣州区块链金融产业沙盒园"项目建设，聚焦"区块链＋金融产业"，该平台是基于区块链的互联网金融行业的监管平台，通过区块链技术对运营主体、金融平台、交易产品、客户信息和资金流信息五个主体的金融活动所产生的数据信息进行记录和分析，能有效提升跨金融行业、覆盖多个金融市场的交叉金融风险识别、防范和化解能力，为赣州普惠金融和科技金融发展、为"普惠金融改革试验区"保驾护航。目前，赣州区块链金融产业沙盒园建设风生水起，已成功吸引区块链创新企业 21 家。依托赣州银行开发票据区块链产品，成立票链全国监控运营管理中心。南康区县域金融改革试验区试点建设成果显著，初步探索出一条"产港融"融合发展的县域金融改革发展路径。

（三）多层次资本市场逐步搭建

近年来，得益于政策优势和中国证监会的对口支援和倾情帮扶，赣州市多渠道、多样化的投融资体系逐步完善健全。

1. 推动企业上市挂牌

全市与中介机构签订上市辅导协议正式启动上市工作的企业共有 13 家（新三板转板 6 家），赣县腾远钴业已于 2017 年 4 月 10 日向证监会递交 IPO 申报材料并收到证监会正式受理函；经开区金力永磁拟 2017 年 6 月底申请江西证监局辅导验收，并向证监会报材料；寻乌杨氏果业、章贡区经纬科技拟

2017 年第三季度向江西证监局递交辅导备案材料。已与券商签约新三板挂牌企业 26 家，有 3 家企业拟 2017 年 6 月底递交申报材料。开展资本招商，利用证监会资本市场扶贫政策，开展资本招商，重点引进科技创新型企业，已引进拟上市企业 18 家，其中 15 家科技创新型企业。

2. 实现融资工具多项"零突破"

赣州市企业发行了江西省首只在交易商协会的中期票据，江西省首只租赁资产证券化、赣州市首只永续票据。五年来，赣州市城市投资控股集团、赣州市发展投资控股集团、赣州市开发区建设投资（集团）有限公司、赣州市南康区城市建设发展集团有限公司、赣州市瑞金城市发展投资集团有限公司等企业发行各类建设债券 16 只，债券金额 192.5 亿元，其中，赣州市发展投资控股集团成功发行的 35 亿元中期票据，助推市重大基础设施和重大民生工程建设。赣州毅德商贸物流、崇义章源钨业、天音控股三家上市企业发行企业信用债。从 2012 年单一的企业债，到目前涵盖了非公开定向债务工具、集合债、企业债、资产证券化、私募债等债务融资工具，实现债务融资工具三大交易市场全覆盖。

3. 股权投资得以大发展

通过股权投资基金，助力大众创业、万众创新。引入北汽产投、深圳创投等投资赣州市新能源汽车、电子科技、稀土深加工等行业企业，经过初步的摸底调查，落地股权资本共计 1.606 亿元，募集资金项目共计 7.28 亿元，通过股权投资，为企业引入"资金＋资源"，实现辖内行业的整合与做大。

4. 要素市场得以完善

全市现有要素市场 3 家，自江西省首家金融资产交易所——江西赣南金融资产交易中心开业以来，截至目前实现交易量 278 亿元；环境能源交易中心和稀有金属交易中心正在推动重组。

四、赣州市批发零售业振兴发展

批发零售业是指专门从事批发和零售贸易活动的经济部门。具体是指不直接从事商品的生产，而是从农业、工业或其他单位那里购买（或调拨）成品或半成品，未做任何加工，或只做简单的加工（如进行简单的分类、清洗、整理和包装等），通过转卖以获取利益的企业。批发零售业是社会化大生产过程中的重要环节，是决定经济运行速度、质量和效益的引导性力量，是我国市场化程度最高、竞争最为激烈的行业之一。

（一）社会消费品零售总额逐年上升

社会消费品零售总额指在一定时间内全社会各种流通渠道与环节直接售给城乡居民和社会集团用于最终消费的实物商品总额。

赣州市 2013~2018 年的社会消费品零售总额分别为 563.06 亿元、649.65 亿元、708.74 亿元、790.24 亿元、887.05 亿元和 901.71 亿元，与 2012 年 495.00 亿元相比，这 5 年内增长速度明显，年平均在 10% 以上。

赣州市 2013~2018 年的城市消费品零售总额分别为 465.62 亿元、585.35 亿元、526.18 亿元、658.33 亿元、744.09 亿元和 751.87 亿元，年增长率分别为 14.1%、25.7%、10.1%、25.1%、13.0%、1.0%。乡村消费品零售总额分别为 94.37 亿元、119.86 亿元、103.41 亿元、131.91 亿元、142.96 亿元、149.84 亿元，年增长率分别为 11.7%、27.0%、13.7%、27.6%、8.4%、4.8%（见表 12-2）。显然，赣州市城市消费品零售总额一直保持良好的发展势头，乡村消费品零售总额比上一年增长率在 2015 年度到达最高值，2017 年和 2018 年增幅有所减缓。

表 12-2　赣州市 2013~2018 年社会消费品零售总额纵向比较

年份	城市消费品零售总额（亿元）	乡村消费品零售总额（亿元）	城市消费品零售总额比上一年增长（%）	乡村消费品零售总额比上一年增长（%）
2013	465.62	94.37	14.1	11.7
2014	585.35	119.86	25.7	27.0
2015	526.18	103.41	10.1	13.7
2016	658.33	131.91	25.1	27.6
2017	744.09	142.96	13.0	8.4
2018	751.87	149.84	1.0	4.8

（二）电子商务迅猛发展

1. 有序推进示范体系建设

赣州市围绕国家电子商务示范城市、电子商务进农村综合示范，扎实推进示范体系建设。赣州市已建成并投入使用的电子商务产业园（孵化园）26 个，全市贫困村电商服务站覆盖率达 86.57%，2018 年农村电商培训人数突破 2.77 万人次，这为赣州市电商发展奠定了坚实基础。

2. 加速特色产业与电商融合发展

2018 年，电商网络销售赣南脐橙占总产量的 30% 以上，南康家具电商网络销售交易额高达 200 亿元以上，全市网上零售额达到 231 亿元，列全省第二位。赣南脐橙网络销售模式在由商务部主办的全国农商互联大会上被推广介绍，南康家具市场位列全国 100 个国家电子商务示范基地前十名。

3. 实施电商扶贫计划

近年来，赣州市先后培育了安远紫山药、红蜜薯、瑞金廖奶奶咸鸭蛋等一批适销对路农产品，寻乌、安远、石城荣登农产品电商贫困县 50 强排行榜。为 1.25 万贫困户提供免费电商技能培训，带动 6140 多贫困户创业就业，贫困户年均增收 2300 余元。

（三）赣州内贸行动效果显著

1. 节会招商

在"赣港会"、"98 厦门会"、"绿发会"等重大经贸活动，重点推介赣州市新能源汽车、现代家居、钨和稀土及其应用、电子信息、生物制药以及文化旅游等产业。目前，赣州市引进了欧姆龙、杜邦、佳能、百胜、沃尔玛、丰田汽车、戴姆勒、可口可乐、飞利浦、复星集团等世界 500 强和国内 500 强企业。

2. "粤港澳"大湾区招商

赣州市、县领导带头外出走访、重点对接粤港澳大湾区客商，洽谈推进项目。一方面，结合赣州市产业特点，突出农产品加工业、精密机械和装备制造业等特色产业招商。另一方面，适应"互联网+"形势特点和电子商务经济迅猛发展趋势，加大了电子商务产业招商力度。成功引进多个电子商务和互联网金融项目，京东商城、阿里巴巴等知名电商平台均来赣州市考察洽谈合作。与深圳、广州、河源三市签订了合作框架协议；启动了赣粤（定南和平）合作示范区建设，稳步推进赣闽（兴国）产业园建设，赣闽、赣粤经贸、人才合作交流。

3. 平台建设招商

积极推进赣州、龙南、瑞金经济技术开发区园区建设，跟踪赣州综合保税区建设进度，提供招商信息和平台，促成赣州经开区、龙南经开区和赣州综保区都签约了外资项目。此外，赣州市已经完成"三南1+N"总体规划，着力推动龙南、瑞金经开区"一区多园"数据并表，先后在东莞、深圳等地举办多场"三南"、瑞兴于"3+2"园区一体化招商推介活动，积极推进园区一体发展。

第四节 赣州市服务业固定资产投资分析

一、赣州市服务业固定资产投资额

如图12-6所示，2011~2019年，赣州市第三产业固定资产投资总体不断增加。其中，2011年到2017年增加了964.11亿元，增长了215.16%。但2017年和2018年增长幅度明显减少，至2019年增长趋势有所提升，总体上呈倒"V"型趋势增长。

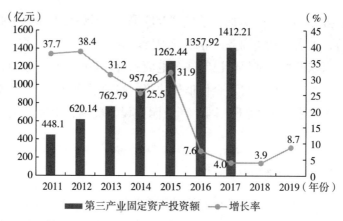

图 12-6 赣州市 2011~2019 年第三产业固定资产投资额和增长率

二、交通运输、仓储和邮政业投资

如图 12-7 所示，赣州市 2011~2019 年交通运输、仓储和邮政业的投资额分别为 73.72 亿元、73.14 亿元、69.12 亿元、114.45 亿元、178.22 亿元、213.98 亿元、162.12 亿元、116.41 亿元和 146.91 亿元，投资额平均值为 127.56 亿元，最高与最低相差 144.86 亿元，分别与上年相比的平均增长率为 21.89%，增长率最高与最低相差 116.3%。从图 12-8 中可以看出，交通运输、仓储和邮政业的投资额和增长率经历了"减少—增加—减少—增加"曲折的发展过程，预计在未来几年内，该行业投资额将会有所增加。

图 12-7 赣州市 2011~2019 年交通运输、仓储和邮政业投资额和增长率

三、赣州市金融业投资

如图 12-8 所示，赣州市 2011~2019 年金融业的投资额分别为 2.28 亿元、0.75 亿元、2.53 亿元、0.65 亿元、9.64 亿元、10.09 亿元、5.83 亿元、6.04 亿元和 6.74 亿元，投资额平均值为 4.95 亿元，最高与最低相差 9.44 亿元，分别与上年相比的平均增长率为 172.69%，增长率最高与最低相差 1462.4%。从图 12-9 中可以看出，金融业的投资额经历了从减少到增加再到减少，接着大幅增加再大幅减少的过程，增长率曲线呈现出倒 "V" 型增长趋势，预计在未来几年内，该行业投资额会小幅增加，增长率会有所上升。

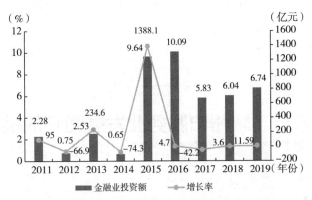

图 12-8 赣州市 2011~2019 年金融业投资额和增长率

四、批发和零售业投资

如图 12-9 所示，赣州市 2011~2019 年批发和零售业的投资额分别为 8.88 亿元、10.7 亿元、14.98 亿元、28.9 亿元、59.36 亿元、56.29 亿元、64.85 亿元、73.73 亿元和 42.69 亿元，投资额平均值为 40.04 亿元，最高与最低相差 64.85 亿元，分别与上年相比的平均增长率为 39.99%，增长率最高与最低相差 147.5%。从图 12-10 中可以看出，批发和零售业的投资额经历了"减少—增加—减少—增加—减少"的曲折发展过程，预计在未来几年内，该行业投资额会增加，增长率会有所上升。

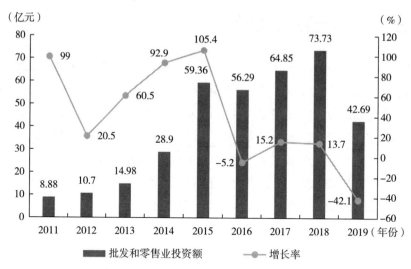

图 12-9　赣州市 2011~2019 年批发和零售业投资额和增长率

第五节　赣州市服务业发展面临的挑战

一、赣州市现代物流业发展面临的挑战

赣州市物流产业发展虽然取得了一定的成绩，但与赣州市第五次党代会目标和赣州市"打好攻坚战、同步奔小康"任务相比，还存在较大的差距，面临许多困难和问题，主要有以下五个方面：

1. 物流基础设施薄弱

目前，赣州市已建成的 16 个物流园区，大部分为商贸性质物流园，全市 50% 以上的县市区没有物流园区，县市区对物流发展规划执行力度不够，规划项目落地难。物流仓储设施严重滞后，赣州市用于第三方物流仓库面积占总仓储面积 1.7%，目前全市没有一家具有一定规模的配载中心，随着征地拆迁的推进和房屋、土地租金上涨，造成物流企业频繁换场地、多次搬运、加大货损，造成企业物流成本居高不下。例如，赣州市最大的红土地物流园面积仅

220 亩，现为租赁工业厂房经营，马上面临搬迁的窘境。

2. 物流带动能力不强

目前，赣州市 2086 家物流企业绝大多数注册资金多数为 50 万元左右，企业规模小、竞争力不强、专业化低。物流通道化、联盟化发展程度低，企业物流资源缺乏有效整合、效率不高，大多数物流服务以单一的公路运输为主，缺乏高附加值的物流服务项目，企业"单打独斗"，信息沟通不畅，配送效率不高，企业带动辐射能力较弱。

3. 政策支持力度不够

物流业的资金投资大、利润微薄、回收期长，大多数物流企业资产属于流动资产，抵（质）押物不足、固定资产抵押折扣率低，企业融资贷款困难。增值税改革后，由于一半以上的成本不能抵扣或开不到正式发票，造成物流企业税收加重。赣州市物流产业发展扶持政策较少，支持力度较弱，赣州市本级设立的 700 万元的物流产业发展专项资金门槛过高、奖励金额少，全市只有 2 家市本级的企业才能申报，目前只有赣州市邮政公司一家企业享受到 20 万元的资金奖励。物流用地只有少数参照工业用地价格执行，用地政策难以得到落实。政府对物流园区的建设投入严重不足，全市物流园基本上为民间资本投入，物流企业没有资金建物流园，有资金建设的企业不愿从事物流，致使大多数规划的物流园建成后变成商铺，物流企业没有园区进驻。

4. 物流信息化水平落后

目前，赣州市虽然引进建设了吉集号、龙易通平台、红土地云配等一批物流信息平台，但绝大多数第三方物流企业信息化建设才刚刚起步，信息技术只能满足一般业务操作，没有建立统一的全市物流公共信息平台，物流企业存在"信息孤岛"现象，物流企业运行效率水平不高。

5. 物流高端人才缺乏

目前，赣州市绝大多数物流企业规模小、业务单一，对物流人才培养不够重视，多数物流企业从业人员教育程度低、专业性不强，且没有经过专业的教育培训，就直接上岗开展业务，专业物流高端人才缺乏。

二、赣州市旅游业发展面临的挑战

虽然赣州市旅游产业总体呈现良好态势，但从此次调研和问卷调查的情况来看，仍然存在较多因素制约着旅游业的发展。

1. 产业发展认识不到位

对旅游业的发展潜力和前景认识不到位，尚未形成政府主导、部门合作、上下齐力的共谋共促格局和浓厚氛围，仅靠各级旅游部门单打独斗，"小部门拉动大产业"。

对旅游业发展规律和市场催生的新业态把握不准，没有跳出单纯依赖自然禀赋景观发展旅游的传统观念，创新型景区（点）几近空白。

对推进旅游发展的重视程度不够。无论是市本级层面调度的重大文化旅游项目，还是县级层面的重点项目都有落实不到位和欠账。例如，复兴之路文化科技主题园、时光赣州等项目至今没有进入实质性施工阶段。

2. 涉旅资金投入不足

主要表现在政府投入基础设施不足和社会资本投入旅游产业不足。应由政府投入的城乡环境建设、旅游交通、旅游集散中心等公共基础设施欠账较多。社会资本投入旅游业的氛围不浓，旅游产业主体培育不够，大型旅游企业集团和龙头企业较少，现有的旅游企业经济实力和产业创利能力不强。到目前为止，赣州市有大大小小的各类景点、乡村旅游点 1766 个，但规模大、投入大的项目较少。25 个 A 级景区有 12 个是政府投资（其中 17 个 4A 级以上景区中有 9 个是政府投资），民营资本、社会资金参与旅游产业发展尚不活跃。

3. 资源开发深度不足

旅游资源多但分散，在旅游开发的过程中对资源、文化的深入挖掘不足，旅游产品同质化、初级化现象普遍。

旅游资源、产品同质化。表现为赣州在全国范围内较为有影响力的瑞金共和国摇篮红色文化旅游产品内涵挖掘不够，影响力不如井冈山、延安等地；客家文化旅游资源与福建龙岩、广东梅州等地出现同质，虽然是"客家摇篮"，但对于客家人最具影响力的却是"世界客都"梅州，最有代表性的客家建筑是福建永定土楼；宋城文化旅游产品丰富，但效益不佳，品牌影响力远不如开封的清明上河园、杭州宋城；在丹霞地貌生态旅游资源与韶关丹霞山、鹰潭龙虎山出现同质。市域范围内各景区之间资源雷同。

龙头产品较少。虽然有 1700 多个各类景区、乡村旅游点，但至今没有具备国际文化旅游吸引力的龙头项目。旅游业态发展不平衡，大部分旅游产品属于观光游览类，缺乏消费性旅游、休闲度假旅游、特色主题公园旅游项目等业态。

4. 旅游产业要素不全

围绕旅游"吃、住、行、游、购、娱"六大要素的配套设施和基础设施相对薄弱。"吃"方面，客家美食旅游旗舰店刚起步；"住"方面，特色民宿尚未形成规模，青年旅馆和营地设施较少，主题酒店较少；"行"方面，交通体系离"快旅"有较大差距，高铁尚未通车，动车只通往福建方向，部分景区特别是乡村旅游点的公路等级较低，旅游公交线路缺乏，虽然有市集散中心、石城、瑞金集散中心，但都没有实际运营，真正起到游客集散的作用；"购"方面，旅游购物街区少，旅游商品中特色食品占多数，文化旅游工艺品较少；"娱"方面，旅游景区内的文化体验设施缺乏，大型实景演出、赣南民俗音画《客家儿郎》已成功首演，但是没有专门的演出剧场，暂时难以向市场推出成为常态化演出。

5. 旅游人才资源不足

面对旅游业的快速发展，旅游人才匮乏的矛盾日益突出，既缺乏懂管理、会策划、善营销、领军型、高层次人才，也缺少擅长沟通交流、具有处理应急事件能力的一线导游人才，整个旅游服务人才的引进教育培养滞后于市场发展。与赣南师院合作举办的金牌导游班目前举办 4 届，学员 85 人，第一届毕业班 25 人中仅 11 人留在赣州工作。同时，旅游市场不旺，团队游客下降（赣州市组团游客仅占旅游人次的 30%）也导致持证导游大量流失。如赣州市持有导游证人员 2310 余人，从事一线导游工作的人员仅 300 余人。

6. 创新宣传方式运用不够

目前各地旅游形象宣传推广主要以节庆、会展、媒体广告为主，在新媒体的运用上也有了一定成效，但是整体营销方式还是偏于传统，策划创意上仍然较弱，有影响力的大型活动策划较少。此外，各大旅游品牌之间联动不够，在文化深度挖掘、品位深度表现上有所欠缺。在宣传促销上,各县市之间缺乏联合作战意识,各自为战,导致宣传力量分散,难以取得好的效果。旅游企业的自主宣传营销意识也有待加强。

三、赣州市金融业发展面临的挑战

1. 金融组织体系发展不完善

从组成结构来看,金融组织体系中银行业仍占主导地位,其资产规模、利税总额要远远高于其他类型的金融机构。从机构性质来看,地方法人机构发展较慢。赣州市目前仍没有一家具有独立法人资格的保险公司、证券公司、信托公司,货币经纪、消费金融等新兴金融业态均为空白。其中地方法人寿险公司(瑞京人寿)和地方法人公募基金管理有限公司(瑞京基金)的筹建申请材料已经正式递交,但尚未通过保监会和证监会的审批。

2. 金融市场结构发展不平衡

从金融产业发展趋势来看,国家正大力倡导发展绿色金融,在绿色债券等产品上安排了大量资金,但因历史渊源,钨、稀土等高耗能行业仍为赣州支柱产业的重要组成部分,在一定程度上不利于赣州市绿色金融的发展。另外,赣州市在生态农业、循环工业、持续服务产业等资源消耗低、环境污染少、产品附加值高、生产方式集约的绿色产业发展方面仍有待加强,未能对赣州市绿色金融的发展提供强有力的经济基础。反之,赣州市绿色金融发展缓慢直接影响苏区振兴项目建设的融资规模,进一步制约了赣南苏区经济的振兴发展。

3. 金融产品单一、创新不足

赣州市尚未建立符合制造业特点的信贷管理体制和金融产品体系。运用贷款的同时,不仅要考量企业资源、资产,还要合理考量制造业企业技术、人才、市场前景等"软信息",运用信用贷款、知识产权质押贷款等方式,积极满足创新型制造业企业的资金需求。大力发展产业链金融产品和服务,有效满足产业链上下游企业的融资需求。

4. 金融专业人才队伍有待加强

从内在看,驻市高校在金融教师队伍、金融专业设置、招生规模、人才培养机制上存在短板。在教师队伍中缺乏拥有金融专业高等学历、具备丰富从业经验的人才；驻市高校在金融专业设置上比较单一，国际金融、保险、风险管理、房地产金融、证券投资、金融工程等专业尚待设立；驻市高校在招生方面缺乏引导。金融是文科、理科、工科交叉发展的学科，尚有很大一部分优秀理科、工科学生由于对金融专业缺乏了解而未选择就读。在人才培养机制上，驻市高校与市金融监管部门、市各金融机构合作深度有待加强。要培养懂金融、懂业务的金融人才，需要将理论与实际应用相结合，在金融监管部门、金融机构处设立实习基地，培养理论扎实、实操过硬的金融专业人才。从外在看，赣州市在引进市外高校来赣州设立分校（院）的力度不够。吸引外地有影响力、金融专业排名靠前的高校来赣设立分校（院），在吸引外地生源的同时，能够更好地留住本地优质生源，并为赣州市现有金融人才提供培训、交流的平台，形成赣州市高校金融学科蓬勃发展的良好态势。

四、赣州市批发零售业发展面临的挑战

1. 部分项目落地进展缓慢

随着大批招商项目签约完成，如何快速履约成为制约项目落地关键。目前有如下几点影响项目落地：

用地问题仍然突出。征地拆迁进展较慢、建设用地指标不足、土地利用总归难以调整、林地核减和置换难等情况影响项目落地。

项目审批难度大。由于部分项目需要取得环评、安评、规划、前置许可等前期审批时间长，影响进度。

融资难、招工难。虽然赣南苏区各地均出台了许多政策鼓励招工，但招工难仍是当前政府和企业面临的最大问题之一。

企业融资困难。赣州市普遍存在融资平台窄、融资门槛高、融资产品少的问题，企业普遍反映借贷困难，严重影响了项目的推进。

此外，相关政府职能部门服务水平还不高，仍难以快速有效地解决企业的实际困难。赣州市在政策落实、签约项目跟踪、各部门配合协调等方面与发达地区仍存在差距。

2. 外贸发展制约因素较多

经过持续多年发展，赣州市承接产业转移、发展加工贸易取得了不俗成

绩，但外贸发展存在不容乐观层面。

加工贸易基础薄弱。受配套基础设施不完善、加工贸易起步晚、公共服务平台不完善等因素影响，赣州市加工贸易发展仍不理想，承接产业转移转入速度明显放缓。

企业"走出去"步履艰难。受国际市场大环境影响，赣州市部分重点企业出口形势不容乐观，组织本地货源出口困难较大等问题仍未得到明显改善。赣州市企业对"走出去"投资呈止步甚至撤资的趋势。

劳动密集型企业逐步退出市场。劳动力成本急剧上升后，原来依靠廉价劳动力生存的劳动密集型加工贸易企业已无优势，赣州市部分传统行业低端企业已被迫退出市场。

3. 商贸流通领域结构性矛盾突出

商贸流通基础落后。赣州市传统商业占比较重，规模化大型商贸企业严重不足，竞争力不强，辐射影响力有限。赣州市尚未形成成熟完善的产业链，商贸物流还较多停留在概念与规划阶段，行业管理水平有待提升。

电子商务软、硬环境不足。赣州市电子商务尽管发展迅速，但仍然基础弱、底子薄、发展滞后，尤其是人才、物流瓶颈突出。赣州市要加大对电子商务软、硬环境建设力度，力争在互联网时代迸发新动能。

第十三章

抚州市服务业振兴发展

　　抚州市位于江西省东部，地处北纬 26°29′~28°30′、东经 115°35′~117°18′。东邻福建省建宁县、泰宁县、光泽县、邵武市，南接江西省赣州市石城县、宁都县，西连吉安市永丰县、新干县和宜春市的丰城市，北毗鹰潭市的贵溪市、余干县和南昌市进贤县。南北长约 222 千米，东西宽约 169 千米，总面积 18816.92 平方千米，占江西省总面积的 11.27%。抚州市下辖 2 个区、9 个县，总面积 18817 平方千米，2018 年常住人口 404.72 万人。抚州是江右古郡，孕育出王安石、汤显祖、曾巩等名人。抚州市是国务院确定的海峡西岸经济区 20 个城市之一，是江西省第一个纳入国家战略区域性发展规划的鄱阳湖生态经济区以及原中央苏区重要城市之一，抚州自古就有"襟领江湖，控带闽粤"之称。2018 年，抚州市实现生产总值 1382.40 亿元，比 2017 年增长 8.0%。近年来，抚州服务产业快速发展，成为经济发展的重要组成部分。

第一节　抚州市服务业经济指标

一、服务业增加值

　　抚州市 2011~2019 年的第三产业增加值分别为 210.01 亿元、237.11 亿元、288.14 亿元、328.14 亿元、374.02 亿元、422.57 亿元、543.63 亿元、617.12 亿元、721.85 亿元，从 2011 年到 2019 年增加了 511.84 亿元，增长了 243.72%，具体增长规模见表 13-1。

表 13-1 抚州市 2011~2019 年第三产业增加值及其增长率

年份	第三产业增加值（亿元）	第三产业增长率（%）
2011	210.01	15.8
2012	237.11	10.2
2013	288.14	9.0
2014	328.14	10.2
2015	374.02	11.4
2016	422.57	11.2
2017	543.63	10.9
2018	617.12	10.1
2019	721.85	9.4

二、服务业增长率

如图 13-1 所示，抚州市 2011~2019 年服务业增长率的变化呈现下降趋势。2011 年，抚州市服务业增长率为 15.8%。2012~2019 年，其增长率维持在 10% 左右，2019 年下降至 9.4%。

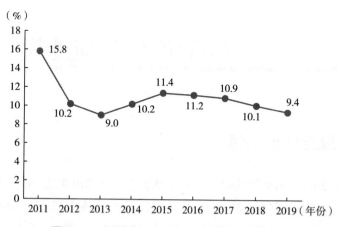

图 13-1 抚州市 2011~2019 年服务业增长率

第二节 抚州市现代服务业发展

一、抚州市现代物流业发展

（一）抓好重点项目建设

2012 年，抚州市协助配合做好仓储配送中心项目报批相关资料，完成项目初步建设计划和项目征地。2013 年，全面参与项目用地出让前的项目总体规划、筹备等工作，配合做好项目用地上的养鸡场、废旧汽车处理厂搬迁工作及地面附着物清理工作，完成土地挂牌出让和项目规划设计初稿。2014 年，完成土地平整、通水通电、两个主要入口道路建设和大部分土方工程。2018 年，积极做好由上市公司正邦集团牵头组建"正广通供应链管理有限公司"并设立抚州分公司相关协调服务工作，以正广通供应链管理有限公司为龙头，进一步整合抚州物流资源，吸纳抚州物流名士，推动物流企业向规模化、集团化发展。

（二）促进交通运输、仓储和邮政业发展

抚州市 2011~2018 年的全年交通运输、仓储和邮政业实现增加值分别为 46.15 亿元、51.82 亿元、59.91 亿元、63.04 亿元、67.25 亿元、72.92 亿元、80.53 亿元、86.75 亿元，从 2011 年到 2018 年增长了 40.6 亿元，增长了 87.97%，具体增长规模见图 13-2。其增长率呈"W"型增长。

（三）抓好现代物流总部经济

抚州市的广昌县是"中国物流第一县"。2011 年制定《广昌县现代物流业十二五发展规划》，明确规划期内物流业发展的指导思想、总体目标、空间布局、工作任务和措施保障。2014 年 4 月，省发改委原则同意广昌县按照《广昌县现代物流总部经济基地发展规划》建设现代物流总部经济基地。为使广昌从"物流名县"转变为"物流强县"，积极引回本县在外物流人士，整合利用好本县物流资源，打造物流总部经济。2018 年，对县物流仓储配送中心项目

进行重新规划设计。同年，引进正广通供应链管理有限公司并设立广昌分公司，通过正广通集团整合广昌乃至江西籍在全国各地众多中小微物流企业，建立和共享"正广通"全国性物流网络体系。

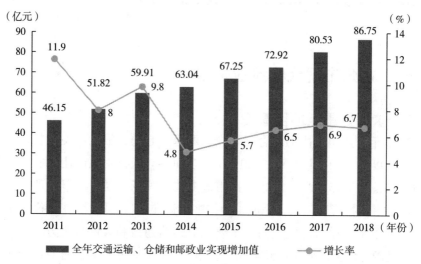

图 13-2　抚州市 2011~2018 年全年交通运输、仓储和邮政业实现增加值和增长率

二、抚州市旅游业振兴发展

（一）接待游客人数不断创新高

抚州市 2011~2019 年的全年接待游客人数分别为 892.9 万人、1006.81 万人、1227.08 万人、1657.16 万人、2112 万人、2960 万人、3990 万人、5350 万人、6444.73 万人，从 2011 年到 2019 年增长了 5551.83 万人，增长了 621.78%，具体增长规模见图 13-3。其增长率呈"M"型增长。

（二）旅游收入增长迅速

抚州市 2011~2019 年的旅游收入分别为 64.5 亿元、76 亿元、98 亿元、133 亿元、184 亿元、260 亿元、360 亿元、486 亿元、609 亿元，从 2011 年到 2019 年增长了 544.5 亿元，增长了 844.19%，具体增长规模见图 13-4。其增长率呈倒"V"型增长。

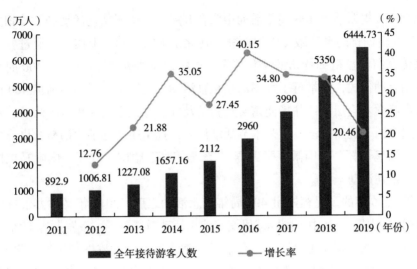

图 13-3　抚州市 2011~2018 年全年接待游客人数和增长率

图 13-4　抚州市 2011~2018 年旅游收入和增长率

（三）旅游品牌不断增强

从 2016 年起，抚州旅游业步入了一个全新的发展阶段，其中，最具代表性的事件是 2016 年 3 月 22 日由江西省人民政府主办、江西省抚州市人民政府和江西省文化厅承办的汤显祖逝世 400 周年纪念活动新闻发布会，该发布会在北京人民大会堂举行，由此拉开了抚州全域旅游发展的序幕。2016 年 3~11 月，各种活动相继开展，精彩纷呈。从 4 月 22~30 日，在英国莎士比亚故乡、西班牙纪念塞万提斯逝世 400 周年活动中联合开展了"抚州文化活动周"等相关活动。9 月新创排的乡音版《临川四梦》在北京国家大剧院上演，并通过各大媒体宣传介绍汤显祖和抚州的文化旅游。9 月 24 日举办汤显祖逝世 400 周年纪念活动启动仪式，并举行了拜谒汤显祖墓活动。之后举办了汤翁逝世 400 周年国际高峰学术论坛及"驻华使馆文化官员及外国专家中国文化行"活动。随着第三届中国（抚州）汤显祖艺术节活动深入，抚州还举办了"汤翁故里寻梦之旅"、"汤显祖杯"全国微电影大赛、"汤显祖杯"中国（抚州）国际马拉松比赛等一系列活动。

继 2016 年的汤显祖逝世 400 周年纪念活动之后，2017 年又举办了首届汤显祖国际戏剧节。其中，国际戏剧交流演出活动邀请英国、俄罗斯等 11 个"一带一路"沿线国家（地区）最具代表性的演出团体、院校携剧目来抚州演出；邀请中国芭蕾舞团、中国京剧院、苏州昆剧院等国内 8 个剧团来抚州展演有关汤显祖剧目；其间举办第二届"文化传承和创新国际论坛"，邀请英国斯特拉福德区、西班牙阿尔卡拉市以及部分友好交流城市议长、市长，剑桥大学国王学院、莎士比亚出生地基金会、塞万提斯学院等机构约 200 名专家和学者参加，推介抚州文化、生态、旅游、投资环境，打响抚州寻梦之旅活动品牌。2018 年 9 月，汤显祖戏剧节暨国际戏剧交流月活动又在汤显祖故里——抚州市拉开帷幕，举办了盛大的文艺表演及戏剧巡演活动，举行了中外戏剧展演、来自法国歌舞《白色羽毛》、西班牙歌舞《卡门》等异域风情的精彩节目，推动了多元文化交流；金溪手摇狮、崇仁板凳龙、南丰傩舞等展现了抚州深厚的文化底蕴；期间抚州采茶戏、宜黄禾杠舞、广昌孟戏等数十个非遗项目进行了集中展演展示。同时，还举办了"茶香中国"首届全国采茶戏会演、戏曲进校园等一系列活动。

通过举办连续几年的汤显祖戏剧节及国际戏剧交流活动，提升了江西抚州的知名度，通过一系列文化活动带动了抚州旅游业发展，加强了文化和各种旅游元素深度融合，促进了抚州旅游业向旅游开发全景化、旅游体验全时化、旅游发展全业化方向迈出了坚实的步伐，使抚州旅游业步入了全域旅游发展阶段。

三、抚州市金融业振兴发展

（一）加快企业挂牌上市步伐

抚州市认真落实全省企业上市"映山红"行动，努力挖掘和培育上市企业，各相关县（区）政府要尽最大努力、下最大力气解决影响企业上市过程的各种困难和问题，切实加快企业上市步伐。推动科技型、创新型绿色中小企业在中小板、创业板、新三板、江西联合股权交易中心优先挂牌上市融资。重点跟踪做好志特新材料、施美制药、灿辉科技、江铃底盘、明正变电、中阳德欣、荣成机械等企业的服务，力争其早日上市。

（二）大力发展债券融资

抚州市进一步加强培训和辅导，提高企业对债务融资工具的了解程度，增强企业开展债券融资的积极性和主动性。研究制定优惠政策，鼓励和支持抚州市企业发行企业债、短期融资券、中期票据、可转债等债券。鼓励银行业金融机构发行小微企业金融债券，加强后续督导，确保筹集资金向小微企业发放贷款。

（三）进一步发挥政府产业引导基金作用

抚州市借鉴先进地区经验，整合各县区产业引导基金资源，探索设立市本级政府产业引导基金、抚州重大工业项目投资引导基金、抚州高新技术产业引导基金三只产业引导基金，为全市高新技术产业和工业制造企业提供融资支持和孵化培育。

（四）降低企业融资成本，减轻实体企业经营负担

抚州市深入落实《商业银行服务价格管理办法》，督促银行业金融机构认真查核收费项目及价格，列出清单在营业场所公布，并鼓励在公众信息网公布。加强对企业融资过程中担保、评估、登记、审计、保险等中介机构和有关部门收费行为的监督，取消贷款融资服务中的一切不合规收费。对以贷转存、存贷挂钩、借贷搭售、转嫁成本等变相提高利率、加重企业负担的行为，金融监管机构和行业协会要予以严肃查处。

（五）大力促进绿色金融发展

2016 年 8 月，江西省被列入首批国家生态文明试验区，同年抚州市被中国共产党江西省委员会、江西省人民政府正式列为全省生态文明建设先行示范市。同年在《抚州市国民经济和社会发展第十三个五年规划纲要》中提出实施绿色崛起战略，打造生态文明建设"抚州样板"。2018 年 6 月，抚州市人民政府发布的《关于加快发展绿色金融的实施意见》中提出通过金融、财政、产

业、环保等政策和相关规章的配套支持，构建以绿色信贷为主体，绿色债券、绿色发展基金、绿色保险、碳金融等多元服务互为补充的绿色金融服务体系。

根据中国人民银行的统计数据，2018年全市银行业金融机构绿色信贷支持项目主要集中在可再生能源、清洁能源和绿色交通领域，其中可再生能源及清洁能源项目的贷款高达14.49亿元，占绿色贷款的比重为34%，绿色交通运输项目的贷款为12.5亿元，约占绿色贷款总额的29%。绿色农业开发贷款总额为4.12亿元，占比仅为10%，抚州的农业总产值占三大产业的16%，仍需进一步扩大抚州绿色农业信贷业务。

四、抚州市批发零售业发展

（一）消费对经济增长驱动作用增强

抚州市2011~2019年的全年社会消费品零售总额分别为266.17亿元、300.67亿元、339.6亿元、379.5亿元、428.2亿元、480.27亿元、537.66亿元、544.14亿元、607.53亿元，从2011年到2019年增长了341.36亿元，增长了128.25%，具体增长规模见图13-5。其增长率呈"V"型增长。

图13-5 抚州市2011~2019年全年社会消费品零售总额和增长率

2019年，抚州市实现社会消费品零售总额607.53亿元，同比增长11.7%，增速高于全省平均水平0.4个百分点，较2018年同期上升1.1个百分点。其中，限额以上消费品零售额124.24亿元，同比增长10.9%，较2018年同期上升3.9

个百分点，对社会消费品零售总额增长的贡献率为 22%，比上年提升了 0.2 个百分点。消费对经济增长的拉动作用持续增强，成为抚州经济增长的重要引擎。2019 年最终消费对抚州经济增长的贡献率高于 50%。

（二）新兴业态蓬勃发展

随着网络技术进步和互联网普及率的提高，网购用户规模不断扩大，网上零售持续保持较快增长。2019 年，抚州市限额以上单位通过公共网络实现商品零售额同比增长 12.3%，增速比社会消费品零售总额高 0.6 个百分点，较 2018 年同期上升 20 个百分点。

新兴业态保持快速增长的同时，传统零售业企业积极拓展销售渠道，继续保持较快增长态势。在大数据、人工智能和移动互联网等新技术推动以及日益完善的物流配送体系支撑下，超市、专业店等传统零售业态与电商平台深度融合，不断涌现出更注重消费者体验，集餐饮、购物、娱乐、休闲等跨界消费场景于一体的新零售业态。据测算，2019 年抚州市限额以上单位超市、百货店、专业店等在内的限额以上单位实体零售业态零售额同比增长 12.4%，高出限额以上消费品零售额增速 1.5 个百分点。其中，限额以上单位便利店、百货店零售额分别增长 43.8% 和 32.9%，购物中心作为线上线下深度融合的代表，实现了抚州实体零售业态最高增幅 45.7%。

（三）消费升级类商品增速加快

从销售商品的类别看，抚州市消费市场基本生活类商品保持平稳增长。2019 年，全市限额以上单位服装、家具类同比分别增长 28.5% 和 14.3%，增速分别比上年同期加快 29.5 和 6.5 个百分点，粮油食品类也保持 10% 以上较快增长。

随着居民收入水平的持续提高以及消费观念的转变，居民消费从注重量的满足转向追求质的提升，部分与消费升级相关的商品增长加快。2019 年，抚州市限额以上单位家用电器和音像器材类、体育娱乐用品类商品增速同比分别加快 0.1 个、0.8 个百分点，代表居民消费升级方向的新能源汽车零售额同比增长 206.6%，增速比其他类型汽车高 199.4 个百分点。

（四）城乡市场发展更趋协调

在居民消费能力不断增强和消费环境持续优化等因素带动下，城乡消费品市场均保持了较快增长。

1.城市消费品零售额

抚州市 2011~2019 年的城市消费品零售额分别为 217.37 亿元、241.86 亿元、273.42 亿元、304.99 亿元、348.38 亿元、387.5 亿元、432.55 亿元、460.23 亿元、511.39 亿元，从 2011 年到 2019 年增长了 294.02 亿元，增长了 135.26%，具体增长规模见图 13-6。

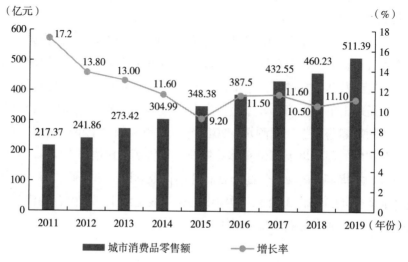

图 13-6 抚州市 2011~2019 年城市消费品零售额和增长率

2.乡村消费品零售额

抚州市 2011~2019 年的乡村消费品零售额分别为 48.79 亿元、58.81 亿元、66.18 亿元、74.51 亿元、79.82 亿元、92.77 亿元、105.11 亿元、83.91 亿元、96.14 亿元，从 2011 年到 2019 年增长了 47.35 亿元，增长了 97.05%，具体增长规模见图 13-7。

随着农村地区交通、物流、通信等消费基础设施进一步完善和电子商务不断向农村地区延伸覆盖，农村居民消费潜力持续释放，乡村消费品零售额增速快于城镇，乡村市场占比逐步提高，消费市场城乡结构持续优化。2019 年，抚州市乡村消费品市场零售额比上年增长 14.6%，增速高出城镇市场 3.5 个百分点，乡村市场占社会消费品零售总额的比重为 15.8%，比上年提升 0.4 个百分点。

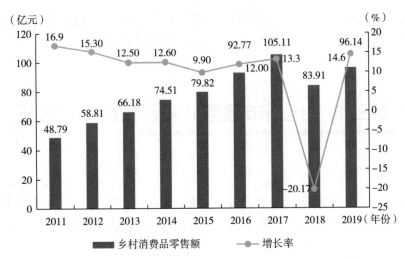

图 13-7　抚州市 2011~2019 年乡村消费品零售额和增长率

（五）文化旅游需求较为旺盛

近年来，抚州市大力发展旅游产业，积极推广文化旅游、生态旅游，旅游需求较为旺盛，相关消费持续增长。据抚州市文旅局反馈，2019 年抚州市旅游接待总人次同比增长 20%，旅游总收入同比增长 24.8%。与旅游活动紧密相关的住宿和餐饮业增长较快。2019 年，抚州市住宿业和餐饮业营业额同比分别增长 19.7% 和 19.5%，保持平稳较快增长。

在人民生活水平不断提高和市场供给体系日益完善的带动下，我国文化类商品消费较快增长。2019 年，抚州市限额以上单位文化办公用品、书报杂志类商品在上年同期较快增长的基础上仍保持平稳增长，同比增速分别为 14.4% 和 42.0%。

（六）消费品供应稳定

消费品工业生产平稳较快增长。2019 年，抚州市汽车、金属制品、计算机等电子设备制造等行业增加值都保持较快增长，明显高于同期规模以上工业增加值增速。

在消费转型升级的带动下，与消费直接相关的汽车制造业、通信和教育等领域的投资增长较快。2019 年，抚州市汽车制造业投资同比增长 39.6%，计算机、通信和其他电子设备制造业投资增长 10.3%，教育投资增长 46.0%，均明显快于全市固定资产投资增速的平均水平。

随着供给侧结构性改革的持续推进和居民收入的稳定增长，传统实体零售

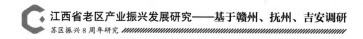

有望保持回暖态势，新业态继续快速增长，新商业模式不断涌现，消费转型升级态势将会延续，抚州市消费品市场仍将保持平稳较快增长。

第三节　抚州市服务业固定资产投资分析

除了通过第三产业增加值、增长率来说明抚州市第三产业的基本情况外，还通过历年抚州市第三产业固定资产投资及其细分行业固定资产投资情况反映抚州市第三产业发展情况。

一、抚州市服务业固定投资总额及其变化

如图 13-8 所示，抚州市第三产业固定资产投资额从 2011 年到 2017 年增加了 410.59 亿元，增长了 201.07%，增长趋势呈 "M" 型。

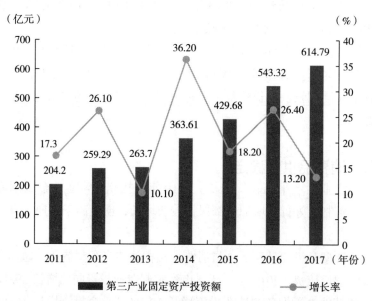

图 13-8　抚州市 2011~2017 年第三产业固定资产投资额和增长率

二、抚州市交通运输、仓储和邮政业投资

抚州市 2011~2016 年交通运输、仓储和邮政业的投资额分别为 22.37 亿元、37.08 亿元、35.67 亿元、59.76 亿元、75.63 亿元和 53.39 亿元，投资额平均值为 47.32 亿元，最高与最低相差 53.26 亿元，分别与上年相比的平均增长率为 25.33%，增长率最高与最低相差 96.95%。从图 13-9 中可以看出，交通运输、仓储和邮政业的投资额增长率经历了"减少—增加—减少"的曲折过程，预计在未来几年内，该行业投资额会有所增加。

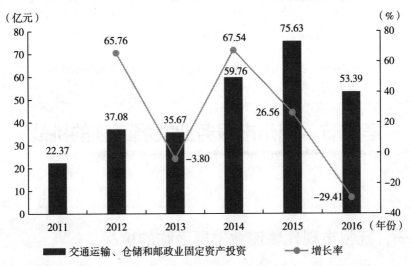

图 13-9　抚州市 2011~2016 年交通运输、仓储和邮政业投资额和增长率

三、抚州市批发和零售业投资

抚州市 2011~2016 年批发和零售业的投资额分别为 7.39 亿元、12.99 亿元、13.28 亿元、16.89 亿元、29.42 亿元和 56.54 亿元，投资额平均值为 22.75 亿元，最高与最低相差 49.15 亿元，分别与上年相比的平均增长率为 54.31%，增长率最高与最低相差 89.95%。从图 13-10 中可以看出，批发和零售业的投资额增长率呈"V"型增长，预计在未来几年内，该行业投资额会有所减少。

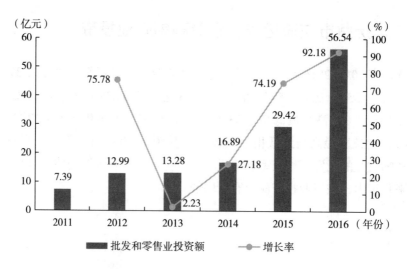

图13-10　抚州市2011~2016年批发和零售业投资额和增长率

第四节　抚州市服务业发展面临的挑战

一、抚州市现代物流业发展面临的挑战

（一）物流服务单一雷同

目前抚州多数从事物流服务的企业只能简单地提供运输（送货）和仓储服务，其名称就是"××货运"。在相关的包装、流通加工、配货、物流信息、库存管理、物流成本控制等物流增值服务方面，尤其在物流方案设计以及全程物流服务等更高层次的物流服务方面还没有全面展开，不能形成完整的物流供应链。按照现代物流的概念，这些货运公司其实不能称为真正意义上的物流企业。另外一些虽美其名曰"××物流"，也是传统储运行业改制而成，也只能提供单一的物流服务，物流功能主要停留在储存、运输和城市配送上。

（二）低水平竞争

抚州市物流企业大多是个体经营，经营方式是一个仓库、一辆车、一个老板，完成整个货物的暂存和运输。普遍存在服务损耗大、效率低、信誉差、成本高等问题，大多数不能为客户提供全套规划设计和完整的物流解决方案，低水平企业过剩造成低层次的竞争十分激烈。

（三）信息化程度低

尽管部分企业意识到现代企业实现信息化的重要性，却不知道如何实现信息化，误认为信息化就是计算机化，而只用计算机来处理一些一般性的事务。并未涉及包括运输、仓储、装卸搬运、流通加工在内的一体化物流服务，以及提供如网上下单、货物在途查询、库存状态查询、管理分析报告等服务。

（四）物流人才缺乏

抚州的物流专业人才紧缺，主要是传统物流管理人才在管理公司。一方面传统物流企业对物流人才的培养没有引起足够重视；另一方面抚州地处偏僻，很难吸引高等院校物流专业人才，使企业得不到有效的管理。

二、抚州市旅游业发展面临的挑战

（一）旅游总量不大

自 2015 年原国家旅游局提出全域旅游理念以来，抚州市顺势而为，率先迈出从景区旅游向全域旅游转化的步伐。一方面，旅游业增长较快、发展态势较好，2016~2018 年旅游综合收入年平均增长率达 37.67%，明显高于全省 27.37%；另一方面，我们也要看到差距，2018 年，抚州市旅游综合收入在全省 11 个地市中排名靠后，而且增加值占全市 GDP 总量 32.35%，低于江西省 37.05%。

1. 旅游业发展基础薄弱

在 2017 年抚州市被省里定为 2018 江西旅游产业发展大会承办地之前，发展整体上一直较为缓慢。

2. 旅游业发展模式较单一

从国内全域旅游实践来看，目前主要有龙头景区带动型、城市全域辐射型、全域景区发展型、特色资源驱动型、产业深度融合型五种典型模式。当前，抚州市主要是依托知名景区采用龙头景区带动型模式发展旅游业，其他发展模式并不多见，旅游效益也不显著。

3.旅游项目建设较滞后

重点体现在部分优势显著的景区景点项目、旅游基础设施和旅游配套设施项目建设上。

（二）旅游资源缺乏整合

抚州市同质化旅游现象较为严重，旅游发展呈现明显的地域性、碎片化，旅游专业化、市场化、产业化、标准化水平不高，县区旅游发展受资源、资金、人才、思想等要素制约尤为明显。

1.旅游规划重视不够

部分地方未站在全局高度整合区域内旅游资源，如部分以旅游产业为主导产业的县区未完成相关全域旅游总体规划；部分地方的旅游规划流于形式、流于文本；部分地方聘请的规划院资质和能力参差不齐，规划过程中并未遵循因地制宜、差异化等基本原则。

2.政府职能的越位、缺位、错位时有存在

一方面，虽然全市景区市场化率已经超过60%，但很多景区仍是政府行政化运作模式。这种模式具有较为明显的弊端，无论是在市场化意识、市场化运营能力，还是在精力投入上都难以与市场运作模式匹敌，这就容易导致开发的旅游产品缺乏市场竞争力、难以产生较高的经济效益，最终造成当地旅游产业发展难以可持续。另一方面，跨部门、跨区域的旅游合作较为缺乏。旅游产业具有综合性、关联性强的特点，因此，一个地区要做大做强旅游产业离不开其他关联部门和其他行政区域的合作与参与。

3.部分旅游资源具有跨地域性

"旅游合作"的开发模式逐步替代"各自为政"的开发模式成为必然。

（三）旅游营销力度不足

1.知名旅游品牌数量不多

抚州市目前每个县区虽然至少有1个国家4A级旅游景区，但知名旅游线

路、旅游美食、旅游企业等品牌还亟待培育，知名旅游品牌也集中在资溪、南丰、金溪等少数县域。另外，抚州市旅游主题形象已经确定为"抚州，一个有梦有戏的地方"，但围绕着"梦"和"戏"的主打旅游产品品牌并不多，地方子品牌也亟待建立。

2. 营销方式精准度不够

抚州市除了采用报纸、电视、推介会等传统营销方式之外，也积极探索以信息技术等高科技为依托的现代营销方式。近两年来，节庆营销的力度空前加大，如汤显祖戏剧节、南丰蜜桔节、资溪面包节等在周边乃至全国小有名气，但部分县区的主打节庆产品特色不突出、主题不聚焦、求多求全，而且在精准度和影响力上都有所欠缺。

3. 长效营销机制还未建立

当前，抚州市旅游产业主要以政府营销为主、企业为辅，呈现出"各自为政"的特点，缺乏战略性、整体性、全局性和系统性，因此，以"政府主导、媒体跟进、企业联手、公众参与"的具有整合优质营销资源特点的长效合力营销机制亟须建立。

（四）优质产品培育不够

具体表现在优质旅游产品仍较缺乏、旅游六要素不齐全、产品季节性问题较为突出等。

1. 精品意识不强、品牌维护重视不够

当前，部分景区的旅游开发较为粗放，离精细、精致、极致差距较大，工匠精神较难体现。另外，部分旅游开发商和运营商重品牌建设轻品牌维护也是重要原因。

2. 旅游产业链不完整

从横向产业链来看，旅游六要素中"吃、住、行、游、购、娱"明显滞后于"游"。这样一来，一日游、短途游、观光游所占比重较高，几日游、长线游、深度体验游所占比重较低，大大影响全市的旅游综合收益。除市中心城区和资溪外，其他县区的夜游市场基本呈现空白状态，游客晚上无景可赏、无处

可玩、无事可做，难以留住游客。另外，旅游产业化程度不高，难以实现旅游发展的自循环和可持续。从纵向产业链来看，"旅游+"深度融合不够。近两年来，抚州市虽然探索直升机旅游、热气球旅游等体育项目，但由于成本高、专业性强、受天气影响大、市场需求较难达到预期等原因，难以实现常态化运营。温泉旅游、康养旅游、研学旅游、智慧旅游、中医药旅游等抚州市具有明显优势的产业与旅游产业融合形成的新业态还有待重点培育和打造，也暴露出抚州市旅游产业的集聚度不够。

三、抚州市金融业发展面临的挑战

（一）绿色信贷总体规模小增速慢

抚州市绿色金融以绿色信贷为主体，截至 2018 年第三季度抚州市绿色信贷余额仅为 42.75 亿元，只占各项贷款总额的 2.71%，远低于全国 6.03% 和全省 5.66% 的绿色信贷占比。2017~2018 年抚州绿色信贷总额仅增加 1.78 亿元，增速为 4.34%，与全省增速 14.9% 有较大差距，一定原因在于抚州市各金融机构并未严格按照《抚州市绿色信贷统计专项制度》进行审批贷款，加上甄选绿色贷款项目的成本较高，信贷人员缺乏专业素养而依靠主观判断发放贷款，导致符合条件的部分绿色贷款申请被拒绝。

（二）金融产品创新不足

抚州市绿色金融产品在可再生能源、清洁能源和绿色交通的信贷项目占比较多，在工业节能节水贷款、资源循环利用贷款占绿色信贷比重仅为 1%、2%，节能环保贷款更是缺乏。在绿色保险方面，抚州推出"信贷＋保险"模式的绿色农业保险产品后期并未取得预期成效。同时江西推出的环责险保费较高且未强制实行环境污染责任保险，导致投保企业数量少，续保积极性不强。在绿色债券和绿色发展基金方面，抚州市有待实现零的突破。

（三）政府激励政策缺失

近年来，抚州市绿色金融贷款项目集中在可再生能源、清洁能源和绿色交通领域，但因这类贷款回收资金的时间较长、金融机构对此类贷款的审批难度和成本较高，加之其风险补偿金和相关的激励政策并未落实，导致金融机构发放此类贷款的意愿不强，即使获批仍存在贷款资金误用、滥用等现象。

四、抚州市批发零售业发展面临的挑战

（一）经营管理问题较多

竞争力差，由于批发市场定位不专业，商品混合经营、层次低，无特色，业态雷同，竞争力不强；规模小，市场摊位的承租者大多是个体经营户，缺少有实力的批发商或经纪人，小商户的分散经营不能形成规模优势；品质次，市场内商品的进货渠道众多，难以控制，使产品质量得不到保证，市场管理者对经营者缺乏约束和监管，致使假冒伪劣产品屡禁不止，商誉难以建立；档次低，由于大部分的市场经营者采用租赁用地方式建设市场，临建意识浓重，制约了经营者大投入、上规模、高水准的市场建设，档次难以提高；部分市场管理人员和交易人员素质低，管理人员熟悉集贸市场的运作，对现代流通模式和现代企业管理方式了解得少，市场交易人员素质更是参差不齐，只注重眼前利益，缺乏长远的发展眼光。

（二）批发市场法制建设严重滞后

批发市场走过近 20 年的发展历程，至今仍没有一部国家统一的法律来进行规范制约，甚至连一部统一的法规性文件都没有，使我国批发市场的市场准入与运作不规范、无序竞争、盲目重复建设，也给各地批发市场的有效管理带来了困难。有些地方的批发市场处于一种自由、无序、盲目发展的状况，假冒伪劣商品在批发市场仍然比较严重。

（三）市场发展缺乏创新

重视市场数量发展，不注重市场质量提高；重建设、轻管理，市场投资主体对市场的管理仅仅停留在物业管理的层次上；交易方式落后，许多市场仍停留在原始的"一手交钱，一手交货"的交易模式上，摊位制仍是大多数市场普遍采用的办法；面对日益激烈的市场竞争，市场缺乏适应性，对经营品种不能及时做调整；市场缺乏发展资金，不能及时有效地完善市场功能；市场管理机制缺乏创新，在激烈的市场竞争中仍采用过去老一套管理办法和营销方式。

第十四章

吉安市服务业振兴发展

　　吉安，古称庐陵、吉州，元初取"吉泰民安"之意改称吉安，江西省地级市，长江中游城市群重要成员，位于江西省中部，赣江中游，西接湖南省，南揽罗霄山脉中段，据富饶的吉泰平原，是江西建制最早的古郡之一，是赣文化发源地之一。吉安下辖2区1市10县。面积2.53万平方公里，截至2019年末，吉安市常住人口为495.97万人，比2018年末增加0.32万人。先后获中国优秀旅游城市、全国双拥模范城市、国家森林城市、国家园林城市、全国绿化模范城市、全国电子信息产业科技兴贸创新城市、全国新型工业化（电子信息）产业示范基地城市、外商投资最佳城市、全国文明城市、国家卫生城市、省级文明城市、省级卫生城市、江西省首届生态宜居城市等荣誉称号。2017年11月，吉安市荣获第五届全国文明城市。2018年10月，吉安市获评健康中国年度标志城市。2019年，吉安市实现生产总值2085.41亿元。近年来，吉安市服务产业快速发展，为其振兴发展做出巨大贡献。

第一节　吉安市服务业经济指标分析

一、吉安市服务业增加值

　　2011~2019年吉安市第三产业增加值及其增长率如表14-1所示。

　　2011~2019年，吉安市的第三产业增加值分别为243.15亿元、305.08亿元、351.08亿元、398.59亿元、453.74亿元、519.20亿元、663.34亿元、744.19亿元、925.64亿元，从2011~2019年增加了682.49亿元，增长了280.69%。

表 14-1　吉安市 2011~2019 年第三产业增加值、增长率

年份	第三产业增加值（亿元）	第三产业增长率（%）
2011	243.15	14.20
2012	305.08	9.20
2013	351.08	10.00
2014	398.59	10.10
2015	453.74	11.50
2016	519.20	11.60
2017	663.34	11.30
2018	744.19	11.10
2019	925.64	9.00

二、吉安市服务业增长

根据表 14-1 做出 2011~2019 年第三产业增长率的变化趋势如图 14-1 所示。

2011 年，吉安市服务业增加值增长率高达 14.20%，2019 年下降到 9.00%。总体来看，2012~2019 年，吉安市服务业增长率保持 10% 左右的增长速度。

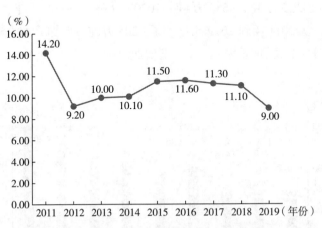

图 14-1　吉安市 2011~2019 年第三产业增长率

第二节　吉安市现代服务业振兴发展

一、吉安市现代物流业发展

吉安市交通便利，区位优势明显，服务设施齐全。它地处长江三角洲、珠江三角洲、闽南经济区的"扇轴"部位。境内形成了以井冈山机场、京九铁路、105国道、赣粤高速、武吉高速、赣江黄金水道为主轴的立体交通网络。县城敦厚距吉安市中心城区和吉安海关、吉安商检、吉安火车站10千米，距井冈山机场30千米，距赣粤高速出入口3.5千米，距赣江燕子窝水运码头2千米。总体来说，吉安现代物流快速发展，为吉安市振兴发展提供坚实基础。

（一）货物运输量

吉安市2011~2019年的公路货物运输量分别为7094万吨、7945万吨、8478万吨、10205万吨、9685万吨、10309万吨、11584万吨、13225万吨、14299万吨，从2011年到2019年增加了7205万吨，增加了101.56%，具体增长规模见图14-2。其增长率呈"V"型增加。

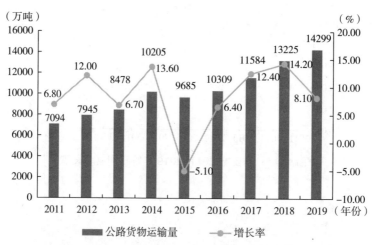

图14-2　吉安市2011~2019年公路货物运输量和增长率

（二）货物运输周转量

吉安市 2011~2019 年的货物运输周转量分别为 246.9 亿吨公里、290.37 亿吨公里、348.74 亿吨公里、319.82 亿吨公里、389.9 亿吨公里、406 亿吨公里、442.69 亿吨公里、485 亿吨公里、524.31 亿吨公里，从 2011 年到 2019 年增加了 277.41 亿吨公里，增加了 112.36%，具体增长规模见图 14-3。其增长率呈"M"型增长。

图 14-3　吉安市 2011~2019 年货物运输周转量和增长率

二、吉安市旅游业振兴发展

在吉安这块红土地上，留下了永新三湾改编旧址、八角楼毛泽东旧居、黄洋界保卫战遗址等革命遗址 780 多处，形成了独特的革命摇篮文化和军事文化，为中华民族留下了宝贵的精神财富。井冈山已成为享誉国内外的红色旅游胜地，在全国产生了广泛影响。吉安市红色旅游规模快速扩张，以红色旅游为龙头形成了较为完善的旅游产业体系。红色旅游取得了广泛的政治效益和社会效益，成为吉安经济社会发展的重要引擎。

（一）接待国内游客人数不断攀升

吉安市 2011~2019 年的全年全市接待国内游客人数分别为 1812.2 万人、2080 万人、2643.9 万人、2908.46 万人、4994.19 万人、6413.96 万人、8234.35 万人、10372.3 万人、10932.62 万人，从 2011 年到 2019 年增长了 9120.42 万人，

增长了 503.28%，具体增长规模见图 14-4。其增长率经历了"减少—增加—减少—增加—减少"的曲折发展过程。

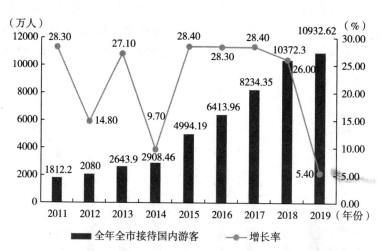

图 14-4　吉安市 2011~2019 年全年全市接待国内游客人数和增长率

（二）旅游总收入持续增加

吉安市 2011~2019 年的国内旅游总收入分别为 121.63 亿元、162 亿元、200.7 亿元、222.35 亿元、405.36 亿元、563.06 亿元、782.04 亿元、1058.89 亿元、1062.81 亿元，从 2011 年到 2019 年增长了 941.18 亿元，增长了 773.81%，具体增长规模见图 14-5。

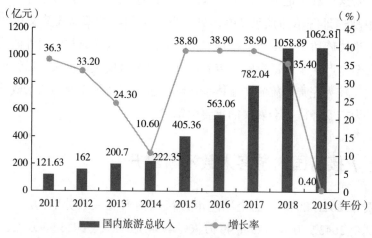

图 14-5　吉安市 2011~2019 年国内旅游总收入和增长率

（三）农旅融合快速发展

1. 创建了休闲农业品牌

创建了吉安市现代农业示范园等国家级星级休闲农业企业 8 个，泰和县蜀口人家等省级休闲农业企业 12 个；井冈山市神山村、菖蒲古村、吉水县燕坊古村、泰和县蜀口村为中国美丽休闲乡村；创建了青原区渼陂古村等 7 个省级美丽休闲乡村；创建了青原区逸乡园农庄等 4 个江西省十佳休闲农庄；创建了醉美青原休闲农业线路等 3 条江西省休闲农业十大精品线路。

2. 创建了田园综合体（精品园区）

向省里积极争取了四个田园综合体和一个休闲农业精品园区创建试点，分别在青原区现代农业示范园区、井冈山市大垅镇大垅等村、井冈山国家农业科技园、吉安县圣大农业园区及吉州区柚乡园等地尝试将农业产业特色鲜明、服务接待设施完备、三产融合度较高、农业景观创意突出、区位条件优越、发展潜力较大的休闲农业企业，以农旅文三位同步发展为主要建设模式创建了省级田园综合体和休闲农业精品园区，充分带动了区域内农民参与和受益，延伸和创新了休闲农业的新理念。

3. 强化了休闲农业品牌提质增效

对已创建成功的省级美丽休闲乡村、十佳农庄、星级农家乐、休闲农业精品线路等实施了提质增效工程，帮助企业进一步对外宣传推介、提升特色农业景观等，将精品休闲农业企业推荐到农业部休闲农业发展中心面向全国进行宣传推介，对有较大影响力、有较旺旅游人气、有较好经济效益的精品旅游休闲农业品牌实施集中推广。充分利用江西省休闲农业精品创意大赛和乡土美食大赛平台，为休闲农业企业争得了荣誉，提高品牌知名度。如永新县才丰农庄红烧狗肉、吉州区丽华农庄红枣烧脾脏及大福庄农庄荷叶包鸡、青原区富渼农庄的金牌牛脚及红曲肉等八个农家菜分别获得多届十大江西特色农家菜荣誉，为前往休闲农业企业的游客增添了吸引力和消费欲望，也为全市休闲农业注入了新的生机。此外，每年还专门包装了十余个休闲农业招商项目，通过农业招商平台对外宣传推介，力争引进更多的休闲农业企业入驻吉安市。

三、吉安市金融业振兴发展

（一）金融业增加值不断提升

吉安市 2011~2019 年的金融业增加值分别为 13.06 亿元、22.29 亿元、26.41 亿元、36.11 亿元、48.82 亿元、58.58 亿元、84.04 亿元、87.97 亿元、124.13 亿元，从 2011 年到 2019 年增长了 111.07 亿元，增长了 850.46%，具体增长规模见图 14-6。其增长率呈"M"型增长。

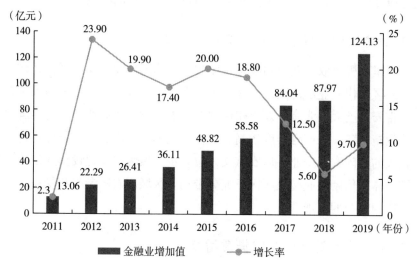

图 14-6 吉安市 2011~2019 年金融业增加值和增长率

（二）小微融资平台效果显著

通过精准解读宣讲，缜密部署宣传，大力推广"江西省小微客户融资服务平台"的使用，按照"有求必应、合规授信、应贷尽贷、全程监测"的原则，全面激发辖内各银行业金融机构服务民营及小微企业的内生动力，努力实现"全面覆盖、全流程跟踪、全口径对接、全身心投入"的"四全"服务目标。平台自 2019 年底上线至 2020 年 4 月末，吉安市辖内小微企业累计提出贷款线上申请 1645 笔，金额合计 26.04 亿元，其中成功发放 1496 笔，金额合计 23.82 亿元，获贷成功率达到 90% 以上，实现了银行与小微企业网上融资的精准对接。

（三）运用货币政策工具，降低融资成本

积极发挥中央银行再贷款、再贴现等货币政策工具的正向激励作用，增强商业银行支持民营及小微企业的保障能力。截至 2020 年 4 月末，吉安市人民银行累计发放再贷款 21.45 亿元，为全市 25 家地方法人金融机构提供了成本低、稳定性强的再贷款资金，引导商业银行降低民营及小微企业贷款利率。吉安市民营及小微企业贷款加权平均利率为 5.75%，同比下降了 0.92 个百分点，下降幅度达到 13.8%。

（四）加强金融生态建设，改善融资环境

一方面，积极加强信用平台建设。提请吉安市政府出台了《关于建设金融生态示范市助推经济高质量发展的实施意见》，从政务环境、金融信用环境、金融政策环境、金融人才环境、金融服务环境等方面推进金融生态示范市建设；同时，大力推动中小企业信用体系和农村信用体系建设，辖内 11 个县（市）已全部建成县域中小企业和农村信用信息数据库。另一方面，积极落实"放、管、服"改革要求，着力优化企业开户、结算等金融服务，将人民银行收到开户申请材料后 2 个工作日内做出批复的时间压缩到了 1 个工作日内。

（五）推动金融产品创新，提升服务功能

一方面，创新信贷产品，满足小微企业多元化金融服务需求。各商业银行根据民营小微企业的特点，创新推出了 20 多种小微信贷产品，如"诚商信贷通""财园通""工信联盟贷"等，期限最长 5 年，金额最高达 500 万元，除了纯信用方式外，可接受的抵（质）押物品多达 20 余种，抵押率最高的达 100%。另一方面，创新金融服务，推进工业园区金融服务站建设。依托全市工业园区管委会（园区办）及相关部门，在全市 14 个工业园区建立金融服务站，为园区内民营及小微企业提供一站式金融服务模式。

（六）发行债务融资工具，扩大直接融资

通过政府推荐、融资担保增信等方式，支持有市场、有前景、有信誉的中小企业在全国银行间市场发行短期融资券、中期票据、创新创业债、绿色债等债务融资工具。截至 2020 年 4 月末，吉安市非金融企业累计通过债务融资工具直接融资金额 98 亿元，其中中期票据 44 亿元，非公开定向债务融资工具 33 亿元，短期融资券 17 亿元，超短期融资券 4 亿元。

四、吉安市批发零售业发展

（一）社会消费品零售总额

吉安市 2011~2019 年的全年社会消费品零售总额分别为 228.47 亿元、263.08 亿元、300.29 亿元、340.78 亿元、396.48 亿元、448.66 亿元、504.97 亿元、514.19 亿元、576.48 亿元，从 2011 年到 2019 年增长了 348.01 亿元，增长了 152.32%，具体增长规模见图 14-7。其增长率逐年递减。

图 14-7　吉安市 2011~2019 年全年社会消费品零售总额和增长率

（二）城市消费品零售额

吉安市 2011~2019 年的城市消费品零售额分别为 165.66 亿元、190.83 亿元、225.14 亿元、257.11 亿元、303.17 亿元、357.93 亿元、404.17 亿元、433.06 亿元、485.89 亿元，从 2011 年到 2019 年增长了 320.23 亿元，增长了 193.31%，具体增长规模见图 14-8。其增长率总体呈下降趋势。

（三）乡村消费品零售额

吉安市 2011~2019 年的乡村消费品零售额分别为 62.81 亿元、72.25 亿元、75.15 亿元、83.67 亿元、93.31 亿元、90.73 亿元、100.8 亿元、81.13 亿元、90.59 亿元，从 2011 年到 2019 年增长了 27.78 亿元，增长了 44.23%，具体增长规模见图 14-9。其增长率呈"W"型增长。

图 14-8　吉安市 2011~2019 年城市消费品零售额和增长率

图 14-9　吉安市 2011~2019 年乡村消费品零售额和增长率

（四）批发零售业完成销售总额

吉安市 2012~2019 年的批发零售业完成销售总额分别为 449.6 亿元、523.47 亿元、614.2 亿元、699.85 亿元、794.36 亿元、901.96 亿元、991.15 亿元、1112.83 亿元，从 2011 年到 2019 年增长了 663.23 亿元，增长了 147.52%，具体增长规模见图 14-10。其增长率逐年递减。

图 14-10　吉安市 2012~2019 年批发零售业完成销售总额和增长率

第三节　吉安市服务业固定资产投资分析

一、吉安市服务业固定资产投资额及其增长

如图 14-11 所示，吉安市第三产业固定资产投资额从 2011 年到 2017 年增加了 474.93 亿元，增长了 258.24%，但增长趋势呈倒"V"型。2012 年增速达 42.10%，此后增长速度不断下降，到 2017 年为 7.43%。

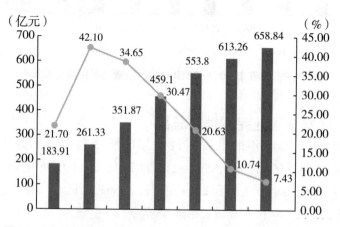

图 14-11　吉安市 2011~2017 年第三产业固定资产投资额增长率

二、吉安市交通运输、仓储和邮政业投资

　　吉安市 2011~2016 年交通运输、仓储和邮政业的投资额分别为 22.33 亿元、20.06 亿元、38.26 亿元、24.58 亿元、31.23 亿元和 40.52 亿元，投资额平均值为 29.50 亿元，最高与最低相差 20.46 亿元，分别与上年相比的平均增长率为 24.39%，增长率最高与最低相差 126.49%。从图 14-12 中可以看出，交通运输、仓储和邮政业的投资额和增长率经历了"增加—减少—增加"的曲折发展过程，预计在未来几年，该行业投资额会有所增加。

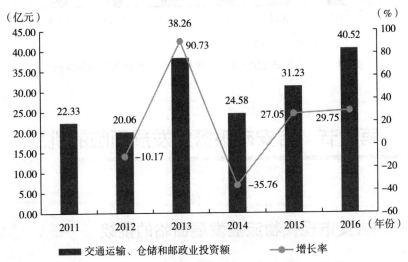

图 14-12　吉安市 2011~2016 年交通运输、仓储和邮政业投资额和增长率

三、吉安市批发和零售业投资

　　吉安市 2011~2016 年批发和零售业的投资额分别为 11.18 亿元、13.91 亿元、20.79 亿元、37.10 亿元、41.21 亿元和 40.37 亿元，投资额平均值为 27.43 亿元，最高与最低相差 30.03 亿元，分别与上年相比的平均增长率为 32.27%，增长率最高与最低相差 80.48%。从图 14-13 中可以看出，批发和零售业的投资额增长率呈倒"V"型增长，预计在未来几年，该行业投资额会有所增加。

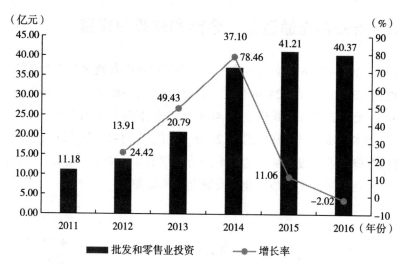

图 14-13　吉安市 2011~2016 年批发和零售业投资额和增长率

第四节　吉安市服务业发展面临的挑战

一、吉安市现代物流业发展面临的挑战

（一）缺少相关的专门管理组织机构

吉安市物流产业发展还存在着许多体制上和政策上的问题，这些问题的存在影响了物流产业的发展。从政策层面看，由于许多部门的政策法规及有关规定是在不同的历史条件下制定的，政策规定有很大的局限性，同时，由于受现行体制、行业垄断、部门保护和地区封锁的影响，物流产业的发展受到了限制。同时物流设施、运输及服务没有相对统一的标准，也没有一个部门协调社会物流管理，物流体系的内在联系被人为分割，使流通渠道不畅，导致物流企业无序竞争、不公平竞争、不公开交易，企业得不到政府的有效保护。

（二）农村物流资源处于散乱状态

随着改革开放的不断深入，吉安市的综合经济实力不断增强，城市基础设施建设进一步加快，形成了得天独厚的交通网。但是，近年来吉安市交通运输业发展缓慢，滞后于经济发展的需要。尤其综合性的大型汽车货运场站建设，更是远远滞后于吉安经济发展的需要。目前吉安市还没有一个大型的、专业的物流市场，现有货运站场建设规模小、功能单一、数量少、互不连通、互不成网，设备简陋，不适应现代物流装卸作业及货物中转的要求。汽车运输企业呈现多、小、散、弱等现象，难以做大做强；整个货运市场处于过度竞争、无序竞争的状态，行业利润极低，行业管理难度大。运输管理缺乏统一协调的机制，造成物流运输资源浪费。

（三）基础设施投入不足，信息化程度低

物流基础设施落后，物流运作成本高。虽然吉安市基本实现了村村通水泥路，但道路狭窄，通行能力较差，通达深度不够。据调查，由于村道过窄，大型卡车无法进入村级农产品基地，导致农产品需要中转，物流运费高，且物流运输工具难以发挥作用；农村没有有效的制冷设备，鲜活农产品就难以在运输、加工等方面实现其价值。

（四）农村物流信息化水平低

在发展农村物流方面，信息化建设的作用至关重要，是发展农村物流的重要保障。虽然吉安市涉农部门建立了县农业信息网，为吉安市搭建了一个农业信息发布和农业技术交流的平台和窗口，但是各乡镇和农村基本上没有建立起有效的信息网络，农村信息导向缺乏，农产品流动往往靠经验而行，带有很大的盲目性。同时农村农民文化程度较低，难以识别分析信息，造成对市场的掌控缺失，导致商品流通不畅，生产与市场所需脱节。农村农资交易、农产品运输买卖等仍然停留在依靠原始的信息发布渠道，各种信息资源没有进行有机的整合。

（五）农村物流专业人才短缺

随着吉安市农村物流的不断发展，对农村物流从业人员的素质要求不断提高，尤其是对一线的管理人员要求，但目前吉安市从事农村物流业务的各类经营人才中，以"半路出家"者居多，真正具有物流专业背景的极少。农村管理人员的素质偏低，物流操作人员现状不容乐观，大部分操作人员没有受过正规学习和训练，不具备系统的知识，对操作原理、业务环节的衔接、作业流程、行业标准、服务规范、现代信息技术的应用了解不够，货物企业管理人员服务

意识淡薄、观念不强、片面注重经济利益等问题。同时吉安为县级城市，待遇、环境等方面难以留住人才，这对吉安市发展农村物流也是一个不利的影响因素。

二、吉安市旅游业发展面临的挑战

（一）红色旅游的市场效益有待发挥

红色旅游景区免费开放后，吉安市还没有从门票经济有效转化为综合经济，游客的消费结构还很不合理，住宿、休闲娱乐、旅游消费方面的花费较低，这既有旅游产品单一、旅游商品档次不高，创新性不够的原因，也与文化旅游、绿色旅游、红色旅游融合深度、广度不足密切相关。只有充分发挥红色旅游的市场效益，才能将门票经济转化为综合经济，使红色旅游焕发新的活力。

（二）红色旅游发展面临巨大的资金缺口

既有已经开发红色景区后续维护、管理资金的不足，也存在待开发红色旅游资源保护与利用费用不足，特别是没有纳入"二期规划"的景区资金更是没有保障，同时缺乏从市场经济中获取更多资金的多元化渠道。

（三）红色旅游与其他旅游业态融合不够

虽然吉安市主打"文化庐陵、山水吉安、秀美井冈"品牌，积极支持红色旅游与文化、农业、体育等其他旅游业态融合发展，但是，应该看到红色旅游与其他旅游业态融合的广度、深度还远远不够。渼陂古村、钓源古村等文化旅游资源没有得到有效开发与利用，白鹭洲书院、吉州窑遗址公园、庐陵公园等旅游吸引力也远远不足，以红色旅游为主导的"大旅游"格局还没有形成，还需要在把握产业发展规律基础上，加强对游客需求的研究。

（四）红色旅游发展区域不平衡

当前吉安市的红色旅游产品面临着差异化不足、同质性较强、缺乏开发深度等问题。游客到达井冈山就能体验到其他区域红色资源的情况，这导致井冈山品牌效应集聚力较强，其他区域红色旅游吸引力不足，造成了井冈山以外的景区游客数量偏少，这也与其他地区产品本身参与互动性、融合性较差、宣传方式和力度不足等诸多因素有关。"大井冈圈"的建立从一定层面上解决了部分问题，但还需从红色旅游产品本身入手，挖掘具有各区县特色的红色旅游产品，提高复合旅游产品的质量，改善宣传手段，才能提升各景区的竞争力。

三、吉安市金融业发展面临的挑战

（一）外部金融生态环境方面的问题

1. 信用担保体系不健全

吉安市融资性担保机构的注册资本较少。截至 2020 年 4 月末，全市融资性担保机构公司注册资本 19.6 亿元，担保余额 42.5 亿元，其中 6 个县（市、区）担保公司未达 5000 万元以上的要求，个别担保公司因大面积出现不良产生代偿而又未及时补充担保资金；同时，融资担保机构增信作用发挥存在较大差距，仅 1 个县担保公司放大倍数达到 4 倍，有 5 个县担保公司担保放大倍数均在 1 倍以下，3 个县目前担保余额为 0。

2. 中介服务收费不合理

除中心城区和万安等少数县以外，绝大多数县（市、区）贷款抵押物的评估、抵押、担保、登记等手续被相关主管部门指定的评估公司垄断，手续繁、评级低、综合费率高，甚至出现金融机构认定可不办理评估的，有关部门却不予以登记而导致贷款无法发放的情况。据统计，各种不合理费用推高企业综合融资成本达 2~3 个百分点。

3. 社会信用环境不理想

部分小微企业逃银行债务情况时有发生，同时银行信贷投放与不良贷款率具有负相关性，商业银行对不良贷款率高的地区往往会采取区域限批、抬高门槛等信贷限制措施，加剧了民营及小微企业融资的困难。

（二）银行信贷管理机制方面的问题

1. 银行内部信贷管理体制不科学

虽然目前金融机构面临小微贷款考核指标，既要有规模的增长、利率的下降，又需控制不良，但是由于指标本身存在相互约束和掣肘，在相关利益驱动机制下，金融机构落实政策时存在机会主义、从权心态。同时，加上基层商业银行信贷产品创新不足，同质化现象比较严重，一定程度上束缚了银行对小微企业的信贷投入。

2. 正向激励未真正发挥作用

尽管监管部门允许银行对小微企业贷款不良率高出全行各项贷款不良率年度目标 2 个百分点以内的，或小微企业贷款不良率不高于 3.5% 的，可不作为监管评级和银行内部考核评价的扣分因素。但在实际操作中，银行内部责任追究仍很严格，最后能够真正"尽职免责"的人员极少。同时，银行基本遵循"罚劣不奖优"，奖励机制缺乏，对贷款质量优良并未形成风险的相关人员没有足够的内部激励，银行客户经理营销办理小微信贷的动力不足。

（三）民营及小微企业资质条件方面的问题

1. 经营风险大，资金需求"短、频、急"

大多数民营及小微企业贷款主要是满足流动资金需求，贷款需求较急、频率较高且资金需求一次性量较少，加之吉安属经济欠发达地区，大部分小微企业正处于发展初级阶段。小微企业规模较小、自有资本偏少，缺乏有效抵押物，不符合信贷准入门槛。在面临市场变化的经济波动时，抵御风险能力差，加之经营的不确定性，使得小微企业的经营风险大，银行对其放款十分谨慎。

2. 信用等级低，财务管理不健全

据统计，全市信用等级 A 级以上的小微企业仅占 15%，B 级以下的占 65%；大多数县域小微企业主要采取独资或几个亲朋好友合资合伙的单干式或家庭式经营组织形式，小规模、封闭型、经营管理能力存在局限性，且多数小微企业的核算管理基础工作较差，企业缺少完善的会计核算、业务核算和统计核算，财务收支的真实性与时效性无法保证，银行对其真实的生产经营、产品销售、资金周转、财务状况了解不清，给银行贷款带来了难度和潜在风险。

3.信息不对称，道德风险问题突出

银行授信过程中需要的企业纳税、房产、用水用电等参考信息分散在各部门，现阶段缺乏统一整合的主体和平台，对银行为民营及小微企业评级授信产生了一定影响。

四、吉安市批发零售业发展面临的挑战

（一）销售渠道单薄

随着井冈蜜柚种植规模日益壮大，产量逐年增加，给蜜柚销售造成一定压力。目前果农大多采用在家销售和到集市销售等销售方式，销售渠道单一，导致大量果品囤积滞销，滞销的局面"增长不增收"始终困扰着果农；另外，井冈蜜柚商品消费市场还未充分开发，到目前北方和西部广阔市场许多还是空白，南方及东南沿海城市很大程度受制于平和琯溪蜜柚。

（二）品牌推广力度不够

井冈蜜柚品牌形象的维护还有待加强。虽然近年来"井冈蜜柚"这一品牌在省内外有一定的知名度，但是市场认可度和竞争力远不如福建的平溪蜜柚，井冈蜜柚还未步入高品质、高价格高档果品行列。有部分种植户会进行果实套袋，柚果色泽光亮、圆润饱满，口感风味佳且外部损伤和病虫侵害少，有部分种植户因管理不善，未对果实进行套袋导致柚果表面锈迹斑斑，且每家每户生产的柚果包装五花八门、品质混淆，果品以假乱真现象严重，劣品驱逐良品不仅影响销售也给井冈蜜柚品牌形象带来诸多不良的影响。

（三）物流成本过高

快递收发点只有乡镇上才有，离农户家较远，且柚果物流成本高昂，快递运费甚至超过蜜柚售卖价格，使得柚农依靠互联网销售难以获利，若把运费转嫁给消费者，则消费者会因价格贵而选择不购买。大部分种植户自产自销，导致出货量小且时间分散，物流服务是讲究"货量多、速度快、服务好、成本省"（即多、快、好、省）的。

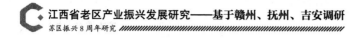

（四）产业融合低

井冈蜜柚产业目前主要还是局限于产业链的上游，几乎就是简单的卖鲜果这一单一的获利模式，很少有对蜜柚进行深加工的企业。有少部分引进做果脯的蜜柚加工企业，运营状况也不是很理想。在市场竞争中，像这样单一的短产业链会表现出明显的弱质性，就好比一根筷子和一把筷子之间的区别。井冈蜜柚大多数为初加工产品，其附加值过低，柚果精深加工的产品种类还比较少，深加工水平远远落后于果业发达国家整体平均水平。在与旅游、休闲文化、餐饮美食等第三产业的融合发展上不够深入，没有形成有规模、有特色、上档次的运营项目。

第十五章

赣州、抚州、吉安服务业比较

第一节　服务业生产总值比较分析

一、服务业总产值

　　汇总赣州、抚州、吉安三个地区的服务业生产总值及增长率情况，得到表 15-1。由表 15-1 可以看出，三个地区的第三产业生产总值水平排名为赣州＞吉安＞抚州。2011 年，赣州市服务业生产总值为 4721375 万元，吉安市为 2493426 万元，抚州市为 2100078 万元。2016 年，赣州市服务业生产总值为 9537847 万元，吉安市为 5759627 万元，抚州市为 4225668 万元。总的来说，吉安市高于抚州市，抚州市总产值低于赣州市一半以上。

表 15-1　2011~2018 年赣州、抚州、吉安服务业生产总值及其增长率

年份	服务生产总值（万元）			增长率（%）		
	赣州	抚州	吉安	赣州	抚州	吉安
2011	4721375	2100078	2493426	14.83	27.41	16.63
2012	5592985	2371133	3051638	18.46	12.91	22.39
2013	6480977	2881398	3503109	15.88	21.52	14.79
2014	7175980	3281417	4037658	10.72	13.88	15.26
2015	8093678	3740211	4538857	12.79	13.98	12.41
2016	9537847	4225668	5759627	17.84	12.98	26.90

二、服务业增长率

总体上来看，赣州、抚州、吉安服务业总产值增长明显，处于持续增长态势。2011~2016年，服务业总产值增长率均超过10%。赣州市2011年服务业总产值增长率为14.83%，2016年高达17.84%，增长速度保持高位运行。抚州市2011年服务业总产值增长率高达27.41%，2016年为12.98%，增长速度保持高位运行。吉安市2011年服务业总产值增长率为16.63%，2016年高达26.90%，增长速度保持高位运行。由此可以判断，江西老区经济发展处于工业化中后期，服务业发展速度较快。考虑到赣州人口900多万，吉安500多万，抚州400多万，三地人均服务业生产总值相差不大。但吉安增长趋势更为明显，在未来几年，有超过赣州的趋势。

第二节　赣州、抚州、吉安现代服务业比较

一、现代物流业比较

汇总赣州、抚州、吉安三个地区的交通运输、仓储和邮政业增加值及增长率情况，得到表15-2。通过观察表15-2可以看出，三个地区的交通运输、仓储和邮政业增加值水平排名为赣州＞抚州＞吉安。2011年，赣州市交通运输、仓储和邮政业增加值为66.65亿元，吉安市为36.66亿元，抚州市为46.15亿元。2016年赣州市交通运输、仓储和邮政业增加值为102.15亿元，吉安市为59.34亿元，抚州市为74.69亿元。总的来说，吉安市低于抚州市，抚州市低于赣州市。

总体上来看，赣州、抚州、吉安交通运输、仓储和邮政业增加值增长明显，处于持续增长态势。赣州市2011年服务业总产值增长率为6.05%，2016年达5.90%。抚州市2011年服务业总产值增长率为3.20%，2016年高达11.06%，增长速度保持高位运行。吉安市2011年服务业总产值增长率为12.77%，2016年为4.09%。相对来说，抚州现代物流发展增长趋势更为明显。

表 15-2　2011~2016 年三地区交通运输、仓储和邮政业增加值及其增长率

年份	交通运输、仓储和邮政业增加值（亿元）			增长率（%）		
	赣州	抚州	吉安	赣州	抚州	吉安
2011	66.65	46.15	36.66	6.05	3.20	12.77
2012	81.38	51.82	42.21	22.10	12.29	15.14
2013	88.75	59.91	50.82	9.06	15.61	20.40
2014	92.30	63.04	54.61	4.00	5.22	7.46
2015	96.45	67.25	57.01	4.50	6.68	4.39
2016	102.15	74.69	59.34	5.90	11.06	4.09

二、旅游业对比分析

汇总三个地区的国内旅游收入及增长率情况，得到表 15-3。通过观察表 15-3 可以看出，三个地区的总体国内旅游收入水平排名为吉安＞赣州＞抚州。2011 年，赣州国内旅游收入为 133.43 亿元，抚州为 58 亿元，吉安为 140 亿元。2018 年，赣州国内旅游收入为 582.07 亿元，抚州为 260.99 亿元，吉安为 563.67 亿元。可以看出，2016 年赣州旅游发展收入首次超过吉安。从增长率来看，赣州 2012 年增幅 21.15%，为近几年最低。2012 年，赣州旅游发展收入增长 21.15%，2016 年增长 49.18%。2012 年，吉安旅游发展收入增长 17.86%，2015 年增长 37.37%，2016 年增长 37.39%。抚州旅游收入不及赣州、吉安一半，但是抚州增长趋势明显，2015 年增长 39.31%，2016 年增长 41.04%。随着人民生活水平提升，旅游成为重要需求，在未来几年，赣州、抚州、吉安旅游产业还将快速前进。

表 15-3　2011~2016 年三个地区旅游总收入及其增长率

年份	国内旅游收入（亿元）			增长率（%）		
	赣州	抚州	吉安	赣州	抚州	吉安
2011	133.43	58	140	42.52	—	—
2012	161.65	68	165	21.15	17.24	17.86
2013	203.79	100	210	26.07	47.06	27.27

续表

年份	国内旅游收入（亿元）			增长率（%）		
	赣州	抚州	吉安	赣州	抚州	吉安
2014	269.14	132.83	298.66	32.07	32.83	42.22
2015	390.19	185.05	410.28	44.98	39.31	37.37
2016	582.07	260.99	563.67	49.18	41.04	37.39

三、批发零售业对比分析

（一）社会消费品零售总额

汇总三个地区的全年社会消费品零售总额及增长率情况，得到表 15-4。通过观察表 15-4 可以看出，三个地区的全年社会消费品零售总额水平排名为赣州＞抚州＞吉安，但是吉安增长趋势更为明显，在未来几年，有超过赣州和抚州的趋势。

表 15-4　2011~2016 年三个地区全年社会消费品零售总额及其增长率

年份	财政总收入（亿元）			增长率（%）		
	赣州	抚州	吉安	赣州	抚州	吉安
2011	432.32	266.17	228.47	17.3	17.2	17.7
2012	492.42	300.67	263.08	13.9	13.0	15.1
2013	559.99	339.6	300.29	13.7	12.9	14.1
2014	629.59	379.5	340.78	12.4	11.7	13.5
2015	705.21	428.2	396.48	12.0	12.8	16.3
2016	790.24	480.27	448.66	12.1	12.2	13.2

（二）城市消费品零售额

汇总三个地区的城市消费品零售额及增长率情况，得到表 15-5。通过观察表 15-5 可以看出，三个地区的城市消费品零售额水平排名为赣州＞抚州＞吉安，但是吉安增长趋势更为明显，在未来几年，有超过赣州和抚州的趋势。

表 15-5 2011~2016 年三个地区城市消费品零售额及其增长率

年份	财政总收入（亿元）			增长率（%）		
	赣州	抚州	吉安	赣州	抚州	吉安
2011	352.72	217.37	165.66	18.1	17.2	18.3
2012	405.46	241.86	190.83	15.0	11.3	15.2
2013	465.62	273.42	225.14	14.8	13.0	18.0
2014	526.18	304.99	257.11	13.0	11.5	14.2
2015	585.35	348.38	303.17	11.2	14.2	17.9
2016	658.33	387.50	357.93	12.5	11.2	18.1

（三）乡村消费品零售额

汇总三个地区的乡村消费品零售额及增长率情况，得到表 15-6。通过观察表 15-6 可以看出，三个地区的乡村消费品零售额水平排名为赣州＞抚州＞吉安，但是吉安增长趋势更为明显，在未来几年有可能超过赣州和抚州。

表 15-6 2011~2016 年三个地区乡村消费品零售额及其增长情况

年份	财政总收入（亿元）			增长率（%）		
	赣州	抚州	吉安	赣州	抚州	吉安
2011	79.6	48.79	62.81	13.9	16.9	16
2012	86.96	58.81	72.25	9.2	20.5	15.0
2013	94.37	66.18	75.15	8.5	12.5	4.0
2014	103.41	74.51	83.67	9.6	12.6	11.3
2015	119.86	79.82	93.31	15.9	7.1	11.5
2016	131.91	92.77	90.73	10.1	16.2	−2.8

参考文献 · REFERENCE

[1] 刘晓鹏，韩善红，于洋. 现代化农业发展现状及具体措施 [J]. 现代农业科技，2020（14）：236-237.

[2] 王英蓉，张紫薇，范金广，高雅斌，徐祗坤. 我国农业产业化发展的问题及对策分析 [J]. 中外企业家，2020（20）：73.

[3] 裴明阳. 我国林业管理存在的问题及发展对策研究 [J]. 新农业，2020（13）：16-17.

[4] 李瑞. 林业经济发展中存在的问题与解决对策 [J]. 财经界，2020(8)：20-21.

[5] 梁黎. 林业发展存在的问题及对策 [J]. 现代农业科技，2020（13）：129+132.

[6] 杨洋，韩卫东. 抚州农业优势产业方兴未艾 [J]. 江西农业，2020（11）：12-13.

[7] 尚丽萍. 林业可持续发展的问题及对策分析 [J]. 新农业，2020（12）：27-28.

[8] 刘以敏. 我国农业农村经济社会发展面临的问题及对策 [J]. 黑龙江科学，2020，11（12）：158-159.

[9] 姚进忠. 浅谈黎平县生态渔业产业发展现状存在问题与对策 [J]. 科学种养，2020（6）：60-62.

[10] 马锴. 我国农业绿色发展存在的问题及对策 [J]. 乡村科技，2020（15）：39-40.

[11] 石少华. 农业合作经济组织发展存在的问题及对策 [J]. 乡村科技，2020（15）：46-47.

［12］姜斌.探索农业发展新业态，增强乡村振兴新活力［J］.农业开发与装备，2020（5）：8+13.

［13］肖丽.变"散兵游勇"为"正规军" 解码抚州农业产业化联合体［J］.江西农业，2020（7）：13-14.

［14］赣州市农业和粮食局课题组.赣州市：培育新型农业经营主体 构建现代农业经营体系［J］.江西农业，2020（5）：6-8.

［15］李晴，徐建华，胡俊生，许小荣.抚州市生态循环农业经济发展的现状与策略［J］.农村经济与科技，2020，31（4）：166-167.

［16］王茂祥，应志芳.我国现代渔业实现高质量发展的若干问题探讨［J］.河北渔业，2020（1）：51-53.

［17］高欣越.赣州现代农业发展与猕猴桃产业影响因素研究［J］.农家参谋，2019（23）：12.

［18］胡仲权."四发展四壮大"吉安市休闲农业提新速［J］.江西农业，2019（21）：42-43.

［19］艾前进，罗翔.奋勇争先·锻造绿色崛起"金扁担"——江西吉安林业着力"三个走在前列、两大战略任务"创新建设闻思录［J］.中国林业产业，2019（11）：61-68.

［20］田玲.项目引资 产业带动 全力打造高质量乡村振兴示范带——访江西省赣州市章贡区农业农村局副局长 钟业洪［J］.农村百事通，2019（21）：4-8.

［21］陈奇晃.赣州市休闲农业集群化发展研究［D］.南昌大学，2019.

［22］魏斌.乡村振兴主力军 脱贫攻坚突击队 抚州农业产业化联合体助推产业扶贫［J］.江西农业，2019（7）：18-20.

［23］杨嘉盛.2018年赣州市现代农业主导产业发展研究［J］.江西农业，2019（8）：73.

［24］杨嘉盛.沃野桑田绘巨变 春华秋实谱新篇——改革开放40年赣州市农业农村经济社会发展综述［J］.江西农业，2019（6）：126.

［25］胡淑琴.赣州市"互联网＋农业"问题及对策［J］.赣南师范大学学报，2018，39（5）：89-93.

［26］黄恒康，金莉萍，李思红，周强，冷伟芳.抚州市推动质量兴渔绿色兴渔 加快渔业转型升级［J］.江西农业，2018（17）：20-21.

［27］刘燕.吉安县农业示范园招商引资问题及对策研究［D］.江西农业

大学，2018.

［28］游涛. 抚州市休闲农业发展中存在的问题及对策研究［D］. 江西农业大学，2017.

［29］孙永福，程玉娜，邓必平. 赣州市林业经济发展现状调查及对策［J］. 现代农业科技，2017（3）：144-145.

［30］张斐斐，黄林海，吴海洋，郭伟，刘跃清，黄杨生，徐媛，康智超. 赣州市现代农业发展现状、问题及对策［J］. 中国农业信息，2016（2）：17-20.

［31］周琴，刘钊. 吉安市林业发展问题及对策［J］. 现代园艺，2015（21）：22-23.

［32］朱永生，周尔宋. 吉安县林业产权制度改革存在的问题及建议［J］. 现代农业科技，2014（12）：191+197.

［33］傅剑夫，张巍. 扬长避短抓特色 促进渔业上台阶——特色养殖已成为抚州市渔业的主要亮点［J］. 江西农业，2013（1）：26-27.

［34］梁晓俊. 沼气：点燃致富的烽火——赣州市章贡区实施"全国农牧渔业丰收计划"项目纪事［J］. 今日农村，2002（4）：6.

［35］高晓慧，张光辉. 江西省赣州市营造林技术在林业发展中的应用［J］. 南方农业，2020，14（15）：62-63.

［36］章传智. 推进赣州制造业持续健康发展［N］. 光华时报，2015-09-15（004）.

［37］陈永林，钟业喜. 赣州市工业产业竞争力研究［J］. 赣南师范学院学报，2007（5）：93-95.

［38］周运锦，袁庆林. 赣州市产业发展战略与产业规划研究［J］. 赣南师范学院学报，2004（4）：102-105.

［39］肖骏，黄绍营. 关于"对接长珠闽 建设新赣州"的几点建议［J］. 理论导报，2004（7）：10.

［40］杨涛，陈瑞华. "苏区振兴规划"预期下赣州经济发展的思考［J］. 企业经济，2012，31（11）：142-144.

［41］卢和宇. 江西省固定资产投资效率研究［D］. 内蒙古大学，2007.

［42］邱小云，彭迪云. 苏区振兴视角下产业转移、产业结构升级和经济增长——来自于赣州市的经验证据［J］. 福建论坛（人文社会科学版），2018（2）：160-165.

［43］彭志红.利用海西经济政策加快经济发展——以"海西"核心区江西省抚州市为例［J］.中国经贸导刊，2010（19）：46.

［44］抚州市统计局.2015年抚州市国民经济和社会发展统计公报［N］.抚州日报，2016-04-13（A03）.

［45］抚州市统计局.抚州市2019年国民经济和社会发展统计公报［N］.抚州日报，2020-03-30（A02）.

［46］龚建文.加大投入　增强后劲——关于抚州地区投资现状的调查［J］.企业经济，1994（7）：30-32.

［47］张湘中.面向矿山生产　解决技术难题——赣州有色冶金研究所采矿科研回顾［J］.中国有色金属，2014（3）：58-59.

［48］董显苹，李勇，上官丽娟.稀土整治后：赣州税收每年锐减20多亿［J］.中国经济周刊，2013（46）：70-71.

［49］江西赣州大力推进稀土资源整合［J］.稀土信息，2012（9）：37.

［50］黄欣婕.吉安高新区投融资平台转型与发展调研报告［D］.江西财经大学，2018.

［51］陈晓东.攻坚克难　砥砺奋进　奋力推进吉安县工业和开放型经济高质量跨越式发展［J］.老区建设，2019（5）：35-40.

［52］叶国良，黄虞，余永华.制造业如何高质量跨越式发展——基于江西制造业发展的调查与建议［J］.中国集体经济，2020（10）：18-20.

［53］谢乾丰，朱艳琳.乡村振兴战略视域下如何走好产业振兴之路——以江西省吉安市峡江县为研究对象［J］.云南农业大学学报（社会科学版），2020，14（3）：31-37.

［54］王芳飞.吉安市井冈蜜柚产业发展现状及建议［J］.现代农业科技，2020（8）：94-95.

［55］刘智煌.攻坚克难　破解吉安市井冈蜜桔产业发展难题［J］.江西农业，2019（19）：16-17.

［56］王涛，张福明，彭欣荣，李威，贺琳.吉安工业企业创新能力提升对策——以电子信息产业为例［J］.现代工业经济和信息化，2019，9（9）：16-18.

［57］尹子安.培育带头人　发展好产业——吉安县培育致富带头人助推扶贫产业发展［J］.老区建设，2019（17）：41-44.

［58］魏柯佳，黄桢.江西抚州东乡枫林铜矿床成因浅析［J］.云南化工，

2019, 46（7）：132-133.

［59］江婧.乡村振兴战略的路径研究——以江西省抚州市为例［J］.老区建设，2018（16）：31-34.

［60］张方哲，赵婷婷，毛洪亮.江西赣南地区废弃稀土矿矿山地质环境治理方案研究［J］.世界有色金属，2020（3）：212+214.

［61］罗军生，梁发明.赣南等原中央苏区振兴发展［J］.党史文苑，2019（10）：42-46.

［62］李红波，马文君.高铁开通对赣州城市房地产市场的影响［J］.科技资讯，2019，17（29）：182-183.

［63］张新芝，曾雨菲，李小红.制造业产业转移驱动产城融合发展的评价研究［J］.江西社会科学，2020，40（2）：105-115.

［64］李永华.江西南康千亿产业逆势上扬的秘密 依靠提升产业供应链的稳定性和竞争力［J］.中国经济周刊，2020（9）：92-95.

［65］张新芝，曾雨菲，李小红.制造业产业转移驱动产城融合发展的评价研究［J］.江西社会科学，2020，40（2）：105-115.

［66］李锋白.解构产业基础 江西企业创新把根扎实［N］.中国工业报，2020-01-06（008）.

［67］戴静怡，李秀香.产业升级与就业结构的联动分析——以江西省为例［J］.对外经贸，2019（12）：46-49+145.

［68］杨松，曹众，许乐.红色江西 绿色崛起［J］.奋斗，2019（20）：67-70.

［69］刘盛华.江西传统产业升级研究［J］.现代经济信息，2019（14）：497.

［70］帅建平，郭晓东.重塑"江西制造"辉煌——我省传统产业优化升级成果丰硕［J］.当代江西，2019（5）：40-45.

［71］雷方.我国高技术产业区域竞争力水平的分析研究［D］.对外经济贸易大学，2019.

［72］刘宇.江西先进制造业优势产业选择实证研究——基于偏离份额分析法［J］.江西理工大学学报，2019，40（2）：42-49.

［73］卢玉玲.关于加快吉安工业发展的思考［J］.中国国际财经（中英文），2016（23）：29-31.

［74］廖斌，谢文君，马腾跃，肖圣杰，袁汝坤.江西赣州 金融扶贫路

越走越宽广［J］.中国金融家，2020（4）：58-59.

［75］陈璐璐，王益澄.江西赣州旅游产业与新型城镇化耦合协调研究［J］.上海国土资源，2020，41（1）：16-21+33.

［76］刘宇，周建新.旅游产业与文化产业耦合发展的区域差异分析——基于赣州、龙岩和梅州三地客家的实证研究［J］.地方文化研究，2020（1）：33-42.

［77］黄文菁，李川.城市商业银行融合金融科技助力赣州市实体经济发展研究［J］.商讯，2020（3）：72-73.

［78］曾佳颖.“寻梦·牡丹亭”实景演艺项目的品牌运营探究［J］.北极光，2020（1）：72-73.

［79］邓京红　兴国县人大常委会监察司法和备案审查工委主任.把赣州红色旅游真正做“红”［N］.赣南日报，2019-12-22（003）.

［80］龙建平.金融支持民营及小微企业发展研究——以吉安市为例［J］.金融与经济，2019（9）：94-96.

［81］张振凯，付佳璐.推动抚州市绿色金融发展的研究［J］.东华理工大学学报（社会科学版），2019，38（3）：256-258.

［82］宋月婵，黄晨.抚州旅游业发展历程与经验启示［J］.旅游纵览（下半月），2019（9）：96-97+100.

［83］汪柯磊.地方金融办（局）的金融监管职能发挥问题研究［D］.江西农业大学，2019.

［84］熊文平.文化旅游品牌发展与提升——以抚州文化旅游品牌为例［J］.当代经济，2019（2）：115-117.

［85］钟鸣，余晶晶.赣州市创业金融体系对中小企业影响探究［J］.现代经济信息，2019（3）：494.

［86］刘慧.赣南客家文化与红色旅游资源整合研究［J］.大众文艺，2018（21）：243.

［87］胡小红，刘燕荣.抚州智慧旅游发展研究［J］.合作经济与科技，2018（22）：41-43.

［88］兰丽英.赣州现代物流业发展现状研究［J］.现代经济信息，2017（23）：495.

［89］饶淑微.提升抚州农业银行零售业务竞争力的调研与建议［J］.中外企业家，2017（12）：30-31+33.

［90］谢敬.赣州金融精准扶贫的新载体［J］.金融博览，2017（4）：60-61.

［91］熊能品.赣州农产品物流发展战略规划的研究［D］.江西理工大学，2016.

［92］张敏."中三角"地区红色旅游产业发展探析——以江西省井冈山市为例［J］.旅游纵览（下半月），2016（10）：150-151.

［93］康智超，张斐斐，曾帆，曾铭.推动赣州历史文化与旅游业的融合发展［J］.农村经济与科技，2016，27（14）：78-79.

［94］周叶，唐恩斌，游建忠.江西物流业融入"一带一路"发展战略研究［J］.物流技术，2016，35（7）：1-7.

［95］张丽.赣州邮政农村电商"最后 1 公里"物流模式研究［D］.江西师范大学，2016.

［96］朱忠芳.赣州旅游产品优化升级［J］.旅游纵览（下半月），2016（4）：199+202.

［97］黄婷.互联网时代赣州市传统零售企业的转型探析［J］.现代商业，2016（6）：10-11.

［98］丁媛媛.现代物流业转型升级的对策研究［D］.江西理工大学，2015.

［99］曾冠平.非物质文化遗产的旅游应用研究［D］.江西师范大学，2015.

［100］安礼奎.吉安县农村物流存在的问题与对策研究［J］.物流科技，2015，38（2）：94-95.

［101］彭小妹.吉安产业集群物流服务发展研究［D］.南昌大学，2014.

［102］李冰.赣州区域物流综合信息平台规划设计［D］.江西理工大学，2014.

［103］章朴.抚州市第三方物流发展战略研究［D］.东华理工大学，2013.

［104］胡小红，周旺.关于物流信息化发展问题研究——以江西省抚州市为例［J］.老区建设，2013（10）：26-28.

［105］郑庆伟.首个国家级脐橙批发市场建设在赣州启动［J］.中国果业信息，2012，29（12）：47.

［106］朱剑.江西省第三产业内部结构优化探索［D］.江西财经大学，

2012.

　　［107］郭文，李小玉.江西产业结构与经济增长实证研究［J］.江西社会科学，2011，31（11）：88-91.

　　［108］黄毓哲，曾巧生.江西省产业结构与就业结构关系的实证分析［J］.江西行政学院学报，2011，13（4）：48-51.

　　［109］熊文平.临川文化旅游开发研究［D］.江西师范大学，2011.

　　［110］韩双斌.江西抚州非物质文化遗产保护与旅游开发研究［D］.南昌大学，2007.